HOMENS DE ORAÇÃO

EDIÇÃO REVISADA E AMPLIADA

Hernandes Dias Lopes | Arival Dias Casimiro

HOMENS DE ORAÇÃO

EDIÇÃO REVISADA E AMPLIADA

© 2019 por Hernandes Dias Lopes & Arival Dias Casimiro

1ª edição: fevereiro de 2011
9ª reimpressão: janeiro de 2025

Revisão: Andrea Filatro e Raquel Fleischner
Diagramação: Sandra Oliveira
Capa: Guther Faggion
Editor: Aldo Menezes
Coordenador de produção: Mauro Terrengui
Impressão e acabamento: Imprensa da Fé

As opiniões, as interpretações e os conceitos desta obra são de responsabilidade de quem a escreveu e não refletem necessariamente o ponto de vista da Hagnos.

Todos os direitos desta edição reservados à
Editora Hagnos Ltda.
Rua Geraldo Flausino Gomes, 42, conj. 41
CEP 04575-060 — São Paulo, SP
Tel.: (11) 5990-3308

E-mail: editorial@hagnos.com.br | Home page: www.hagnos.com.br
Editora associada à Associação Brasileira de Direitos Reprográficos (ABDR)

Dados Internacionais de Catalogação na Publicação (CIP)
(Câmara Brasileira do Livro, SP, Brasil)

Lopes, Hernandes Dias

    Homens de oração: edição revisada e ampliada / Hernandes Dias Lopes e Arival Dias Casimiro. — São Paulo: Hagnos, 2019.

    ISBN 978-85-243-0564-1

    1. Homens - Vida religiosa 2. Oração de intercessão 3. Pais - Vida religiosa 4. Vida cristã I. Casimiro, Arival Dias

10-12891   CDD-248.842

Índices para catálogo sistemático:
1. Homens: Oração de intercessão: Cristianismo   248.842
2. Pais: Oração de intercessão: Cristianismo   248.842

Dedicatória

Dedicamos este livro aos homens de oração, líderes que têm influenciado a família, a igreja e a nação. Também o dedicamos aos pais, heróis anônimos, que têm lutado com bravura nos campos mais inflamados da batalha em favor de seus filhos. A todos aqueles que creem na intervenção de Deus na história por meio da oração, dedicamos esta singela obra.

Sumário

Dedicatória 5
Prefácio 9

POR **HERNANDES** DIAS LOPES

1 Os atributos de um intercessor 13
2 O poder através da oração 25
3 A oração mais ousada da história 43
4 Uma oração fervorosa por restauração 57

POR **ARIVAL** DIAS CASIMIRO

5 Aprendendo a orar com Jesus 67
6 A luta da oração 79
7 Orando por nosso futuro 93
8 Orando as promessas de Deus 103

Bibliografia básica 113

Anexo 1
Como começar um projeto homens de oração.................................115
Modelo de ficha de inscrição 117

Anexo 2
Planos de leitura da Bíblia 119

Prefácio

Há alguns anos, publiquei, pela Editora Hagnos, o livro *Mães intercessoras*. Desde então esse livro tem sido uma ferramenta usada por Deus para despertar milhares de mães à intercessão por seus filhos. O lema é: Mães de joelhos, filhos de pé! Agora, lançamos este novo livro, em parceria com Arival Dias Casimiro, conclamando os homens, especialmente os pais, a que se levantem como intercessores.

Os três primeiros capítulos foram escritos por mim e os três últimos por Arival. Este é um novo desafio, um novo ministério que, pela graça de Deus, esperamos desafiar e levantar milhares de homens em nossa nação para que se posicionem na brecha da intercessão em favor dos filhos, da família e da nação.

O homem foi estabelecido por Deus como líder da família. É o sacerdote do lar. A ele compete a responsabilidade de educar os filhos na disciplina e admoestação do Senhor. Infelizmente, muitos homens têm sido negligentes a respeito desse sublime privilégio e dessa grande responsabilidade. Não poucos têm sido omissos. Outros têm delegado à esposa essa tarefa de consequências eternas. Não podemos acovardar-nos. Essa é uma incumbência nossa. Precisamos levantar-nos e agir.

Muitos pais são como Davi. Quando ele era um fugitivo, pobre e sujeito às pressões da vida, tinha valentia e coragem de chorar por seus filhos e lutar por eles até resgatá-los das mãos dos inimigos (1Samuel 30:1-20). No entanto, depois que se tornou rei, ofereceu a seus filhos todo o conforto da riqueza, deu-lhes cargos no primeiro escalão do governo, porém não tinha mais tempo para conversar com eles. Davi tornou-se um pai negligente. Queria sempre agradá--los (1Reis 1:6). Por isso, deixou de confrontar Amnom, de consolar Tamar, de perdoar Absalão e de investir na restauração de sua família. Davi teve vitórias esplêndidas fora dos portões, mas colheu derrotas amargas dentro de casa. Não podemos construir o sucesso sob os escombros da família. A vitória que tem como preço o fracasso da família é derrota. Tem gosto de fel, e não sabor de mel.

Precisamos ser homens como Jó. A despeito de ser o homem mais rico do Oriente, Jó tinha tempo para orar por seus filhos individualmente. Não apenas intercedia por eles nas madrugadas, mas também os chamava para exortá-los. Nosso maior patrimônio é nossa família. Nosso maior tesouro são nossos filhos. Não podemos abrir mão deles. Não podemos descansar até vê-los como coroas de glória nas mãos do Senhor, usados como vasos de honra para a glória do Senhor!

Por **Hernandes** Dias Lopes

1
Os atributos de um intercessor

Hernandes Dias Lopes

Neemias, governador de Jerusalém, é um exemplo clássico de um homem intercessor. Ele foi um homem de oração e ação. Desfrutava de intimidade com os céus e grande destreza na terra. Estava perto de Deus e também das pessoas. Como consolador, Neemias viveu perto das pessoas; como intercessor, viveu perto de Deus.

Neemias era, acima de tudo, um homem de oração. Sempre foi um homem muito ocupado, mas não tão ocupado a ponto de não ter tempo para Deus. "Você encontrará" dez de suas orações no livro de Neemias (Neemias 1:4ss; 2:4; 4:4; 5:19; 6:9,14; 13:14,22,29,31). Um dos truques do diabo é manter-nos tão ocupados que não encontramos tempo para orar. Se Neemias não fosse um homem de oração, o futuro de Jerusalém teria sido outro.

A força da oração é maior que qualquer combinação de esforços na terra. A oração move o céu, aciona o braço onipotente de Deus, desencadeia grandes intervenções do Senhor na história. Quando o homem trabalha, o trabalho é do homem; mas, quando o homem ora, é Deus quem trabalha.

Neemias começa seu ministério orando. Sua oração é uma das mais significativas registradas na Bíblia. Vemos nela os elementos da adoração, da petição, da confissão e da intercessão.

Um intercessor é alguém que se levanta diante do trono de Deus em favor de outra pessoa. Ésquilo foi condenado à morte pelos atenienses e estava prestes a ser executado. Seu irmão Amintas, herói de guerra, tinha perdido a mão direita na batalha de Salamina, defendendo os atenienses. Ele entrou na corte, exatamente na hora em que seu irmão estava prestes a ser condenado, e, sem dizer uma palavra, levantou o braço direito sem mão na presença de todos. Os historiadores dizem que, quando os juízes viram as marcas de seu sofrimento no campo de batalha e relembraram o que ele havia feito por Atenas, por amor a ele, perdoaram-lhe o irmão.

Precisamos fazer um movimento em nossa nação para despertar homens de oração. A intercessão pelos filhos não é apenas uma responsabilidades das mães. Os homens precisam entrar nessa brecha. Os pais são os responsáveis diante de Deus pela educação de seus filhos e, como o patriarca Jó, devem dedicar o melhor de seu tempo para orar em favor de seus filhos.

Quais são os atributos de um intercessor?

UM INTERCESSOR É ALGUÉM QUE SENTE O FARDO DOS OUTROS SOBRE SI (NEEMIAS 1:4)

Um intercessor torna-se responsável diante do conhecimento de uma necessidade. O conhecimento de um problema nos responsabiliza diante de Deus e dos homens. O conhecimento dos problemas de seu povo levou Neemias a orar a respeito do assunto. Ninguém conhece os filhos mais que os pais. O conhecimento de suas lutas, carências e sonhos deveria colocar-nos de joelhos diante do Pai.

Um intercessor sente a dor dos outros em sua própria pele. Um egoísta jamais será um intercessor. Só aqueles que têm compaixão podem sentir na pele a dor dos outros e levá-la ao trono da graça.

Neemias chorou, lamentou, orou e jejuou durante quatro meses pela causa de seu povo. Sua oração foi persistente e fervorosa. Se Neemias foi capaz de chorar e jejuar por pessoas que ele não conhecia pessoalmente, quantos motivos nós, pais, temos para orar, jejuar e chorar em favor de nossos filhos!

Cyril Barber diz que um líder sábio coloca bem alto em sua lista de prioridades o bem-estar daqueles com quem trabalha. Ele se assegura de que os problemas dos seus liderados sejam resolvidos antes de cuidar de seus próprios problemas.[1] Montgomery acertadamente afirma: "O início da liderança é uma luta pelo coração e pela mente dos homens".[2]

---
[1] BARBER, Cyril J. *Neemias e a dinâmica da liderança eficaz.* São Paulo: Vida, 1982, p. 22.
[2] MONTGOMERY, Viscount. *The path to leadership.* London: Collins, 1961, p. 10.

Nós, pais, somos os líderes constituídos pelo próprio Deus em nossa família. Precisamos carregar os fardos da nossa família e levar esses fardos aos pés do Salvador. Precisamos ser não apenas provedores, mas sobretudo intercessores. Não apenas estar na frente da batalha da manutenção do lar, mas sobretudo na trincheira da oração em favor do lar.

Um intercessor é alguém que reconhece a soberania de Deus

Um intercessor aproxima-se de Deus com profundo senso de reverência. Neemias começa sua intercessão adorando a Deus. Você adora a Deus por quem ele é: *Ah! Senhor, Deus dos céus, Deus grande e temível* [...] (Neemias 1:5). Neemias entende que Deus é o governador do mundo. Ele foca sua atenção na grandeza de Deus, antes de pensar na enormidade de seu problema. Um intercessor aproxima-se de Deus sabendo que ele é soberano, onipotente, diante de quem precisamos curvar-nos cheios de temor e reverência.

Um intercessor aproxima-se de Deus sabendo que não há impossíveis para o Senhor. Quanto maior Deus se torna para você, menor se torna o problema. Daniel disse que o povo que conhece a Deus é forte e ativo (Daniel 11:32). Precisamos entender que nossos filhos são filhos da promessa. Não geramos filhos para a morte. Não geramos filhos para o cativeiro. Não geramos filhos para ser escravos do diabo. Nossos filhos devem ser santos ao Senhor. Devemos consagrá-los no altar de Deus. Deus é soberano e fiel para cumprir a promessa de que, se ensinarmos nossas crianças no caminho em que devem andar, quando forem velhas, elas jamais se desviarão dessas veredas.

UM INTERCESSOR É ALGUÉM QUE SE FIRMA NA FIDELIDADE DE DEUS

Um intercessor sabe que Deus é fiel à sua aliança. Neemias expressou isso claramente em sua oração: [...] *que guardas a aliança e a misericórdia para com aqueles que te amam e guardam os teus mandamentos* (Neemias 1:5). Somos o povo de Deus. Ele firmou conosco uma aliança eterna de ser nosso Deus e de sermos seu povo. Ele vela por nós e prometeu estar conosco sempre. Ele prometeu guardar-nos, conduzir-nos em triunfo e receber-nos em glória. Quando oramos, podemos agarrar-nos às promessas dessa aliança. Deus prometeu ser nosso Deus e o Deus dos nossos filhos. O projeto de Deus inclui a família. Não podemos abrir mão da nossa família. Não podemos desistir dos nossos filhos!

Um intercessor fundamenta-se não em seus méritos, mas na fidelidade de Deus. Neemias tinha disposição para interceder, porque conhecia o caráter fiel e misericordioso de Deus. Quanto mais teologia você conhece, mas comprometido com a oração você deve ser. Deus responde às orações. Ele é o Deus que vê, ouve e intervém. Sendo soberano, Deus escolheu agir por intermédio da oração de seus filhos.

UM INTERCESSOR É ALGUÉM QUE IMPORTUNA DEUS COM SUAS SÚPLICAS

Um intercessor é alguém que não descansa nem dá descanso a Deus. Neemias foi incansável em sua importunação. Orou continuamente, com perseverança. Ele disse: *Estejam, pois, atentos os teus ouvidos, e os teus olhos, abertos, para acudires à oração do teu servo, que hoje faço à tua presença, dia e noite, pelos filhos de*

Israel, teus servos [...] (Neemias 1:6). Muitas vezes, começamos a interceder por uma causa e logo a abandonamos. Neemias orou por 120 dias com choro e jejum, dia e noite. Ele insistiu com Deus. Mônica orou por Agostinho durante trinta anos. Depois da conversão de Agostinho, que veio a ser o maior expoente da igreja no quinto século, Ambrósio disse: "Um filho de tantas lágrimas jamais poderia perder-se". Não podemos desistir de orar pelos nossos filhos. Como Ana, devemos insistir com Deus. Como Jó, devemos levantar de madrugada e apresentá-los junto ao trono da graça.

Um intercessor é alguém que se coloca na brecha em favor de outra pessoa. Ele ora em favor do povo de Deus e se preocupa com a honra de Deus. Esse povo é servo de Deus. É o nome de Deus que está em jogo. Ele sente esse fardo e o coloca diante de Deus em fervente oração.

Um intercessor é alguém que reconhece e confessa seus pecados e os pecados do povo

Três verdades nos chamam a atenção acerca do ministério de intercessão de Neemias.

Em primeiro lugar, *um intercessor tem consciência das causas da derrota do povo*. O pecado foi a causa do cativeiro. Deus entregou o povo nas mãos do rei da Babilônia. O pecado foi a causa da miséria dos que voltaram do cativeiro. O pecado produz fracasso, derrota, vergonha, opróbrio. A história está eivada de exemplos de homens que colheram frutos amargos como consequência de seus pecados. Acã foi apedrejado com sua família. Fineias morreu e levou à morte mais de 30 mil homens. Davi trouxe a espada sobre a sua própria casa. O pecado é uma fraude, oferece prazer e paga com a escravidão; parece gostoso ao paladar, mas mata. Nada conspira mais contra a oração que o pecado. Um homem rendido ao pecado jamais será um intercessor. Um pai acomodado no pecado jamais se colocará na brecha em favor de seus filhos.

Em segundo lugar, *um intercessor identifica-se com os pecados do povo*. Neemias orou: [...] *e faço confissão pelos pecados dos filhos de Israel, os quais temos cometido contra ti; pois eu e a casa de meu pai temos pecado* (Neemias 1:6*b*). Neemias não ficou culpando o povo, mas identificou-se com ele. Um intercessor não é um acusador, jamais aponta o dedo para os outros; antes, levanta as mãos ao céu em ardorosa oração. Os pais precisam identificar-se com seus filhos. A dor dos filhos é sua dor. As lágrimas dos filhos são suas lágrimas. Os dramas dos filhos são seus dramas. Certa feita, Jesus foi a Tiro e Sidom. Lá estava uma mãe gentia. Ela buscou Jesus com insistência em favor de sua família. Seu clamor não foi: "Tem misericórdia de minha filha", mas "Tem misericórdia de mim". Ela se identificou com sua filha. A causa de sua filha era sua causa. É assim que os pais devem orar por seus filhos!

Em terceiro lugar, *um intercessor faz confissões específicas*. Muitas confissões são genéricas e pouco específicas, por isso sem convicção de pecado e sem quebrantamento. Neemias foi específico: *Temos procedido de todo corruptamente contra ti, não temos guardado os mandamentos, nem os estatutos, nem os juízos que ordenaste a Moisés, teu servo* (Neemias 1:7). Para que a oração tenha efeito, precisa ser acompanhada de confissão. Quem confessa seus pecados e os deixa alcança misericórdia (cf. Provérbios 28:13). Não podemos agir com irresponsabilidade espiritual em relação aos nossos filhos. Não podemos fazer vistas grossas a seus pecados. O sacerdote Eli amava mais a seus filhos que a Deus. Por isso, deixou de corrigi-los.

Não podemos contemporizar os erros dos nossos filhos. Precisamos confrontá-los e ao mesmo tempo clamar a Deus em favor deles, rogando ao Senhor sua misericórdia.

UM INTERCESSOR É ALGUÉM QUE SE ESTRIBA NAS PROMESSAS DA PALAVRA DE DEUS

A Palavra de Deus e a oração andam de mãos dadas. Um intercessor precisa conhecer a Palavra. É o combustível da Palavra que alimenta o ministério da intercessão. Quatro verdades devem ser destacadas aqui.

Em primeiro lugar, *um intercessor sabe que Deus tem zelo por cumprir sua Palavra* (cf. Neemias 1:8). Neemias começou sua oração dizendo para Deus: "Lembra-te". A memória de Deus é infalível, pois ele é onisciente, mas Deus ama ser lembrado de suas promessas. Quem ora com base na Palavra, ora segundo a vontade de Deus. As maiores orações da Bíblia foram fundamentadas nas promessas da Palavra de Deus. A oração eficaz é aquela que se baseia nas promessas de Deus. Como diz R. C. Trench, "a oração não é vencer a relutância de Deus; é apropriar-se de sua mais alta disposição". Deus prometeu ser o nosso Deus e o Deus dos nossos filhos. Nossos filhos são filhos da promessa. São herança de Deus. Não geramos filhos para a morte. Não geramos filhos para o cativeiro. Nossos filhos devem ser vasos de honra nas mãos do Senhor.

Em segundo lugar, *um intercessor compreende que a disciplina de Deus vem sobre a desobediência* (cf. Neemias 1:8*b*). Deus prometeu bênçãos e alertou acerca da maldição causada pela desobediência. O povo de Israel desobedeceu e sofreu nas mãos de seus inimigos. A dispersão e o cativeiro foram juízos de Deus contra seu povo, por causa do pecado. O pecado sempre atrai juízo, derrota, dispersão.

Nossos filhos precisam ser alertados acerca da justiça de Deus. O pecado sempre produz consequências amargas. Deus não é um ser bonachão. Ele é santo e fogo consumidor. Só os loucos zombam do pecado. Nossos filhos precisam saber disso!

Em terceiro lugar, *um intercessor compreende que o arrependimento sempre redunda em restauração* (cf. Neemias 1:9). Deus é compassivo. É o Deus de toda graça, aquele que restaura o caído e não rejeita o coração quebrantado. Neemias sabe que, se o povo se arrepender, virá um tempo novo de restauração e refrigério. Essa é a confiança do intercessor, o conhecimento do caráter misericordioso de Deus. A misericórdia de Deus nos impulsiona a orar. Ele é o Deus de toda a graça. Ele não rejeita o coração quebrantado. Não despede aqueles que se aproximam com o coração contrito. Há esperança para a família. Há esperança para os filhos desviados. Há esperança para os pródigos que estão perdidos no país distante. Há esperança para os feridos que chegam em casa emocionalmente arrebentados. Deus é o Pai de misericórdias. Ele é rico em perdoar!

Em quarto lugar, *um intercessor compreende que os pecados do povo de Deus não anulam a aliança de Deus com ele* (cf. Neemias 1:10). Neemias ora fundamentado na perseverança do amor de Deus pelo seu povo. Ainda que sejamos infiéis, Deus continua sendo fiel. Neemias fala de um lugar escolhido e de um povo escolhido. As nossas fraquezas não anulam a eleição da graça. Mesmo quando pecamos, não deixamos de ser o povo remido por Deus nem deixamos de ser servos de Deus. O povo da aliança é disciplinado, mas não rejeitado para sempre. Devemos agarrar-nos a essa verdade bendita e encontrar alento para prosseguirmos a empreitada de intercessão por nossos filhos.

UM INTERCESSOR É ALGUÉM QUE ASSOCIA DEVOÇÃO E AÇÃO

Um intercessor ora e age. Neemias orou, jejuou, lamentou e chorou durante 120 dias. Ele colocou essa causa diante de Deus, mas também colocou a mesma causa diante do rei. A oração não é um substituto para o trabalho. Ela é o maior trabalho. Neemias ora e toma medidas práticas: vai ao rei, informa-o sobre a condição seu povo, faz pedidos, solicita cartas, verifica o problema, mobiliza o povo e triunfa sobre dificuldades e oposição.

Um intercessor compreende que o coração do rei está nas mãos de Deus. Neemias compreende que o maior rei da terra está debaixo da autoridade e do poder do Rei dos reis. Neemias compreende que o mais poderoso monarca da terra era apenas um homem. Ele sabe que só Deus pode inclinar o coração do rei para atender a seu pedido. Neemias compreende que a melhor maneira de influenciar os poderosos da terra é ter a ajuda do Deus todo-poderoso. Ele vai ao rei, confiado no Rei dos reis. Ele conjuga oração e ação. Os pais precisam também orar e agir. Precisam falar com Deus acerca de seus filhos e precisam falar acerca de Deus com seus filhos.

Por meio da oração de Neemias um obstáculo aparentemente intransponível foi reduzido a proporções domináveis. O coração do rei se abriu, os muros foram levantados e a cidade foi reconstruída. A oração abre os olhos a coisas antes não vistas. Nossas orações diárias diminuem nossas preocupações diárias.[3] Que Deus levante um exército de homens santos, que ergam aos céus mãos santas, em fervente oração, em favor da família. Precisamos de um reavivamento na família. Precisamos ver nossos filhos levantando-se, no poder do

---
[3] BARBER, Cyril J. *Neemias e a dinâmica da liderança eficaz*, p. 23.

Espírito Santo, para restaurar nossa nação. Nossos muros também estão quebrados e nossas portas foram queimadas a fogo. Que o Deus dos céus ouça o nosso clamor e que os pais sejam desafiados, como o foi Neemias, para se colocarem na brecha em favor de seus filhos, a fim de que esta geração que desponta conheça a Deus e viva para a glória de Deus!

2
O poder através da oração

HERNANDES DIAS LOPES

PAULO ALCANÇOU o ponto mais alto de sua teologia em suas orações. Quando nos ajoelhamos, entendemos a majestade de Deus e a limitação humana. Um santo de joelhos enxerga mais longe que um filósofo na ponta dos pés.

Em Colossenses 1:9-12, Paulo nos ensina mais sobre a essência da oração de petição que em qualquer outra parte do Novo Testamento.[4] Destacamos, à guisa de introdução, quatro fatos dignos de nota.

Em primeiro lugar, *a oração deve expressar nossas prioridades.* Embora Paulo estivesse preso, algemado, no corredor da morte, na antessala do martírio, com o pé na sepultura e com a cabeça à beira da guilhotina de Roma, ele não concentra sua oração

---

[4] BARCLAY, William. *El Nuevo Testamento comentado – Filipenses, Colosenses, I y II Tesalonicenses.* Buenos Aires: La Aurora, 1973, p. 115.

em suas necessidades prementes. Embora os crentes de Colossos vivessem em pobreza e a escravidão estivesse em voga, Paulo não pede a Deus saúde, nem libertação nem mesmo prosperidade financeira. Ele concentra sua petição nas bênçãos espirituais; não nas bênçãos materiais. Os assuntos da eternidade empolgam mais sua alma que os assuntos terrenos e temporais. Concordamos com Warren Wiersbe: "As necessidades espirituais são imensamente mais importantes que as necessidades materiais".[5] A jovem igreja em Colossos não devia ficar parada naquilo que já possuía.

D. A. Carson levanta uma questão solene, ao escrever:

> Devemos nos perguntar o quanto as petições que normalmente apresentamos a Deus distam dos pedidos que Paulo faz em suas orações. Suponha, por exemplo, que entre 80% e 90% das nossas petições pedem a Deus boa saúde, recuperação depois de uma doença, segurança nas estradas, um bom emprego, sucesso em exames, as necessidades emocionais dos filhos, sucesso na solicitação de financiamento e muito mais coisas desse tipo. Quanto das orações de Paulo gira em torno de questões equivalentes? Se o centro das nossas orações estiver distante do centro das orações de Paulo, então até mesmo nossa própria vida de oração pode servir como um testemunho infeliz do notável sucesso dos processos de paganização na nossa vida e no nosso pensamento.[6]

---

[5] WIERSBE, Warren W. *Comentário bíblico expositivo.* v. 6. Rio de Janeiro: Central Gospel, 2006, p. 144.

[6] CARSON, D. A. *Um chamado à reforma espiritual.* São Paulo: Cultura Cristã, 2007, p. 98.

Em segundo lugar, *a oração deve incluir aqueles que não conhecemos*. As orações de Paulo não eram egoístas. Ele ora pelos crentes de Colossos, os quais ele não conhecia nem jamais vira face a face. Podemos amar, chorar e erguer nosso clamor aos céus por aqueles que nossos olhos ainda não viram. Pela oração podemos tocar o mundo inteiro. Pela oração podemos influenciar pessoas em todo o mundo. Pela oração podemos ser uma bênção para as pessoas que jamais nos encontraram pessoalmente. D. A. Carson ainda alerta para o fato de que, se as nossas orações giram apenas em torno da nossa família e da igreja que frequentamos, então nos tornamos muito limitados e o nosso mundo é muito pequeno e egocêntrico.[7] Nessa mesma trilha, Silas Falcão diz que há muita fraqueza nas nossas orações, porque, na maioria das vezes, elas são egoístas. Pedimos muito a Deus por nós mesmos, pelos nossos interesses e problemas, pelos nossos queridos, e oramos pouco ou nem sequer não oramos pelos outros.[8]

Em terceiro lugar, *a oração deve ser regida por uma atitude perseverante*. Paulo não conhecia face a face a igreja de Colossos, mas orou por ela sem cessar. A oração é o oxigênio que alimenta a alma. Embora Paulo tivesse muitos assuntos pessoais a ocupar-lhe a mente, seu foco estava em rogar a Deus em favor de outras pessoas, e isso de forma intensa e perseverante. Muitos de nós não cessamos de orar porque nunca começamos a fazê-lo. Quando perguntaram a Aunt Vertie sobre o significado de orar sem cessar, ela respondeu:[9]

---

[7] CARSON, D. A. *Um chamado à reforma espiritual*, p. 100.
[8] FALCÃO, Silas Alves. *Meditações em Colossenses*. Rio de Janeiro: Casa Publicadora Batista, 1957, p. 25.
[9] Autor desconhecido. *Colossians – the teacher's outline & study bible*. Chattanooga: Leadership Ministries Worldwide, 1994, p. 34.

- Quando visto minha roupa pela manhã, agradeço a Deus por vestir-me com a justiça de Cristo.
- Quando tomo banho pela manhã, peço a Deus para me limpar dos meus pecados.
- Quando tomo o café da manhã, agradeço a Cristo por ser o Pão da Vida.
- Quando limpo a casa, peço para Deus ser misericordioso e limpar as casas do mundo inteiro da impureza do pecado.
- Quando falo com as pessoas durante o dia, peço a Deus para salvá-las, edificá-las em Cristo e suprir suas necessidades pessoais.
- Quando vejo uma multidão andando pelas ruas, oro pela salvação dessas pessoas e de outras que perambulam por todo o mundo.

Em quarto lugar, *a oração deve ser ousada na busca de plenitude.* O Senhor não deseja que seu povo peça demasiadamente pouco. Ele não deseja que seu povo viva pobremente, com mesquinhez na esfera espiritual.[10] Deus reserva para nós a plenitude, por isso Paulo busca confiantemente essa plenitude para Colossos: "*pleno* conhecimento" – "*toda* sabedoria" – "*todo* entendimento" – "*inteiro* agrado" – "*toda* boa obra" – "*todo* poder" – esse é o modo "perfeccionista" com que Paulo ora![11]

---

[10] HENDRIKSEN, Guillermo. *Colosenses y Filemon*. 1982, p. 70.
[11] BOOR, Werner de. *Carta aos Efésios, Filipenses e Colossenses.* Curitiba: Esperança, 1996, p. 286.

O CONTEÚDO DA ORAÇÃO

Paulo orou por conhecimento e poder. Orou para que os crentes conheçam a vontade de Deus e tenham poder para realizá-la. A oração é o meio apontado por Deus para nos apropriarmos das bênçãos que são nossas em Cristo Jesus.[12] Esse conhecimento não é do gênero da gnose misteriosa que os mestres gnósticos pretendiam ter para seus "iniciados". Pelo contrário, é uma profunda compreensão da natureza da revelação de Deus em Jesus Cristo, uma revelação maravilhosa e redentora.[13] Vamos destacar dois pontos importantes.

Em primeiro lugar, *a necessidade de o crente conhecer a vontade de Deus* (Colossenses 1:9). Paulo não pede apenas que os crentes conheçam a vontade de Deus, mas transbordem desse conhecimento. O original grego não tem uma palavra separada para "pleno", no tocante ao conhecimento; mas *epignósis* é a forma intensificada, em contraste com o conhecimento do gnosticismo.[14]

Epignósis é mais que *gnosis*; trata-se de um dom e uma graça do Espírito Santo.[15] Essa palavra ocorre mais na carta aos Colossenses que em qualquer outra epístola de Paulo. A vida cristã não pode ser vivida na dimensão da mediocridade. Ela diz respeito à plenitude, a algo grande, profundo, caudaloso.

---

[12] CARSON, D. A. *Um chamado à reforma espiritual,* p. 101.
[13] HENDRIKSEN, Guillermo. *Colosenses y Filemon.* 1982, p. 71.
[14] CHAMPLIN, Russell Norman. *O Novo Testamento interpretado versículo por versículo.* v. 5. São Paulo: Hagnos, 2002, p. 87.
[15] LANGE, John Peter. *Commentary on the holy scriptures.* v. 11. Grand Rapids: Zondervan Publishing House, 1980, p. 17.

O grande objeto da oração é conhecer plenamente a vontade de Deus. Na oração não objetivamos tanto que Deus nos escute como que nós mesmos escutemos a Deus; não tratamos de persuadir a Deus para que faça o que queremos, mas de descobrir o que ele quer que realizemos. Em vez de pedir para Deus mudar sua vontade, devemos rogar que a vontade de Deus seja feita. O propósito primeiro da oração não é tanto falar com Deus, mas escutá-lo.[16]

Conhecer a vontade de Deus é vital para o crescimento espiritual. A ênfase de Paulo está no conhecimento, não no sentimento. Vivemos numa época em que as pessoas querem sentir, não pensar. Elas querem experiências, não conhecimento. Buscam o sensório, não o racional. Concordo com John Stott quando ele afirma que "crer é também pensar".[17]

Nós conhecemos a vontade geral de Deus através das sagradas Escrituras. Tudo quanto o homem deve saber está registrado na Palavra. Não devemos buscar a vontade de Deus fora das Escrituras, consultando "pessoas iluminadas". A vontade de Deus não nos é revelada por sonhos, visões e revelações alheias às Escrituras.

É importante enfatizar que Paulo pede a Deus o transbordamento do pleno conhecimento da vontade de Deus. Há intensidade em suas palavras. Seu pedido é em grau superlativo. Na linguagem do Novo Testamento, *cheio* significa "controlado por". Portanto, Paulo ora para que esses cristãos sejam controlados pelo pleno conhecimento da vontade de Deus.[18]

A plenitude que os gnósticos prometiam pelo conhecimento esotérico nos é oferecida na Palavra, pois dela transborda o pleno

---

[16] BARCLAY, William. *El Nuevo Testamento comentado – Filipenses, Colosenses, I y II Tesalonicenses*, p. 116.
[17] Título de livro do autor publicado pela ABU – Aliança Bíblica Universitária (São Paulo, 1994).
[18] WIERSBE, Warren W. *Comentário bíblico expositivo*, p. 145.

conhecimento da vontade de Deus. Não conhecemos Deus e sua vontade pelos atalhos do misticismo; não o conhecemos pelos labirintos das religiões de mistério nem pela filosofia esotérica, como ensinavam os gnósticos. A plenitude do conhecimento de Deus não é para uma elite composta dos iniciados nos mistérios das ciências ocultas, mas está disponível a todos aqueles que examinam piedosamente as Escrituras. A *gnosis* herética era especulativa e teórica. Paulo se opõe a ela afirmando que é o conhecimento de Deus que nos leva à obediência de modo realista e equilibrado.[19]

Em segundo lugar, *como o crente pode conhecer a plenitude da vontade de Deus* (Colossenses 1:9). Depois de destacar a necessidade de conhecer a plenitude da vontade de Deus, Paulo ensina à igreja o processo e o meio de alcançar esse conhecimento. A sabedoria e o entendimento espiritual são os critérios pelos quais distinguimos essa vontade das atraentes "vontades" contrárias àquilo que Deus quer.[20]

Dois instrumentos são mencionados na busca da vontade de Deus: a sabedoria e o entendimento espiritual. Muitos e hediondos crimes têm sido praticados em nome da vontade de Deus. Aviões lotados de passageiros são lançados como mísseis mortíferos contra prédios civis em nome de Deus. Terroristas explodem bombas matando inocentes todos os dias em nome de Deus. Guerras encarniçadas têm sido travadas, destruindo cidades, soterrando indefesos e matando milhares em nome de Deus. Crimes bárbaros têm sido praticados em nome de Deus. Por isso, o conhecimento da vontade de Deus precisa ser regido pela verdade das Escrituras, não pelo radicalismo ensandecido dos fanáticos religiosos. Vamos destacar esses dois instrumentos.

---

[19] MARTIN, Ralph P. *Colossenses e Filemon*. São Paulo: Vida Nova, 1984, p. 61.
[20] SHEDD, Russell. *Andai nele*. São Paulo: ABU, 1979, p. 22.

Em toda sabedoria (1:9). Segundo William Hendriksen, sabedoria é a habilidade de usar os melhores meios para os melhores fins.[21] A sabedoria era a principal bandeira do gnosticismo. Eles entendiam que essa sabedoria só seria alcançada através da iniciação em seus mistérios. Paulo refuta essa ideia afirmando que são os crentes em Cristo que conhecem essa sabedoria, não os místicos. Sabedoria é olhar para a vida com os olhos de Deus. É ver a vida como Deus a vê. É ter as prioridades que Deus tem. Sabedoria é a capacidade de aplicar o conhecimento da vontade de Deus às situações variadas da vida.[22]

A sabedoria do mundo é loucura diante de Deus (1Coríntios 1:20) e se reduz a nada (1Coríntios 2:6). Ela afasta o homem de Deus em vez de aproximá-lo dele. A sabedoria do mundo exalta o homem em vez de glorificar Deus. Ela conduz à perdição, não à salvação. A verdadeira sabedoria está em Cristo. Nele estão ocultos todos os tesouros da sabedoria. A sabedoria cristã é o conhecimento dos princípios de Deus registrados em sua Palavra.[23] Paulo não incentiva os colossenses a buscar visões ou vozes. Antes, ora para que possam aprofundar-se na Palavra de Deus e, desse modo, adquirir mais sabedoria e discernimento.[24]

Em todo entendimento espiritual (1:9). Se a sabedoria fala sobre a revelação de Deus, o entendimento espiritual diz respeito à aplicação pormenorizada dessa revelação.[25] A sabedoria refere-se ao

---

[21] HENDRIKSEN, Guillermo. *Colosenses y Filemon*, p. 71.
[22] RIENECKER, Fritz; ROGERS, Cleon. *Chave linguística do Novo Testamento grego*. São Paulo: Vida Nova, 1985, p. 419.
[23] BARCLAY, William. *El Nuevo Testamento comentado – Filipenses, Colosenses, I y II Tesalonicenses*, p. 116.
[24] WIERSBE, Warren W. *Comentário bíblico expositivo*, p. 145.
[25] SHEDD, Russel. *Andai nele*, p. 22.

discernimento da verdade, ao passo que o entendimento espiritual trata da aplicação da verdade.[26]

O entendimento espiritual, *synesis*, é o "conhecimento crítico", a capacidade de aplicar os princípios da Palavra de Deus a cada situação da vida. *Synesis* é a faculdade de unir por parelhas. A palavra refere-se à reunião de fatos e informações para tirar conclusões e perceber relacionamentos.[27] É a habilidade de provar, distinguir, avaliar e formar juízos. Na linguagem do erudito Lightfoot, é a capacidade de ver a índole das coisas. É ter a capacidade de distinguir o bem do mal, a palha do grão, o vil do precioso.

Assim, pois, quando Paulo pede a Deus sabedoria e entendimento espiritual para os crentes, pede que entendam as grandes verdades do cristianismo e sejam capazes de aplicar essas verdades às tarefas e decisões da vida cotidiana. É possível que alguém seja um perito em teologia e ao mesmo tempo um fracasso na vida.[28] Conhecimento e prática precisam andar juntos.

O PROPÓSITO DA ORAÇÃO

Paulo ensina por meio da oração. Suas orações são teologia pura. Nesta oração registrada em Colossenses 1:9-12, alguns propósitos são contemplados pelo apóstolo.

Em primeiro lugar, *combater o engano da heresia gnóstica*. O gnosticismo ameaçava a igreja no primeiro século. Como um dilúvio, essa heresia invadiu a igreja no século segundo. No princípio

---

[26] BONNET, L.; SCHROEDER, A. *Comentario del Nuevo Testamento*. Tomo 3. El Paso: Casa Bautista de Publicaciones, 1982, p. 580.
[27] RIENECKER, Fritz; ROGERS, Cleon. *Chave linguística do Novo Testamento grego*, p. 419.
[28] BARCLAY, William. *El Nuevo Testamento comentado – Filipenses, Colosenses, I y II Tesalonicenses*, p. 116.

do século terceiro, quase todas as congregações mais intelectuais do Império Romano estavam notadamente afetadas por ele. O propósito do gnosticismo era reduzir o cristianismo a uma filosofia e relacioná-la aos ensinos pagãos. O gnosticismo foi uma aguda helenização do cristianismo, o produto da combinação entre a filosofia grega e o cristianismo.

Os gnósticos pretendiam um conhecimento esotérico ou secreto especial. Só alcançavam esse conhecimento os *pneumatikoi*, ou seja, os espirituais. Assim, o gnosticismo tinha uma aura de espiritual. Cultivava aversão pelas coisas materiais e terrenas. O gnosticismo, com seu misticismo heterodoxo, oferecia outro caminho para o homem chegar à perfeição, à parte do sacrifício expiatório de Cristo. Muitas pessoas foram seduzidas por essas crenças heréticas e se afastaram da verdade.

A heresia do gnosticismo estava presente nas igrejas do Novo Testamento: 1) o deleite na *gnose*, ou seja, no conhecimento (1Coríntios 8:1); 2) o liberalismo sexual (1Coríntios 6:13-20); 3) a negação da encarnação de Cristo (1João 4:1-3); 4) a negação da ressurreição (1Coríntios 15:12).[29] Paulo revela que a plenitude do conhecimento da vontade de Deus não está no gnosticismo, mas no evangelho.

Em segundo lugar, *mostrar que a plenitude está em Deus, não no conhecimento esotérico*. A palavra grega *pleroma*, "plenitude", era a espinha dorsal do ensino gnóstico. Os falsos mestres ensinavam que só os iniciados em seus mistérios alcançavam a plenitude do conhecimento. O que os gnósticos prometiam, só o evangelho podia oferecer. Concordamos com João Calvino quando disse que

---

[29] LOPES, Hernandes Dias. *Morte na panela*. São Paulo: Hagnos, 2007, p. 28-29.

só conhecemos Deus porque ele se revelou a nós. O conhecimento de Deus é encontrado nas Escrituras, não nas ciências ocultas. O conhecimento de Deus é objetivo, não subjetivo. Ele nos vem pela Palavra, não pelo conhecimento esotérico.

Em terceiro lugar, *mostrar ao crente a necessidade de uma vida digna de Deus* (Colossenses 1:10). O conhecimento deve levar-nos à prática. Não basta ter informação certa na mente, precisamos ter vida certa com Deus. Viver de modo digno de Deus é o mesmo que imitar a Deus. É andar como Jesus andou. É ser santo como Deus é santo (Efésios 4:1; Filipenses 1:27; 1Tessalonicenses 2:12). A expressão "modo digno" traduz uma palavra relacionada à balança. Imaginemos as atitudes, palavras e ações de Deus colocadas num dos pratos de uma balança, e as nossas empilhadas no outro prato. Se nossa vida, como cristãos, deixar de corresponder à vida do Senhor, estaremos andando indignamente.[30]

Em quarto lugar, *mostrar ao crente como viver uma vida digna de Deus* (Colossenses 1:10,11). Paulo menciona quatro maneiras de viver uma vida digna de Deus.

Primeiro, *vivendo para o seu inteiro agrado* (Colossenses 1:10). Não há nada mais prático no mundo que a oração.[31] A oração não é um escape da realidade. Não é apenas uma solitária meditação em Deus, mas também uma caminhada com Deus. Oração e ação caminham de mãos dadas. Oramos não para escapar da vida, mas para enfrentá-la. "Viver para o seu inteiro agrado" é, em síntese, o único propósito para o qual vivemos. Deve ser um esforço consciente para agradar a Deus em tudo. Os teólogos de Westminster

---

[30] SHEDD, Russel. *Andai nele*, p. 22-23.
[31] BARCLAY, William. *El Nuevo Testamento comentado – Filipenses, Colosenses, I y II Tesalonicenses*, p. 116.

entenderam, à luz da Palavra, que o fim principal do homem é glorificar a Deus e gozá-lo para sempre.

No grego clássico, a palavra grega *areskeia*, "agrado", tinha uma conotação negativa de portar-se de maneira insincera perante outros, a fim de obter-se algo. Toda vida em que se instaura o desejo de buscar o louvor e a boa opinião dos homens se vê maculada. Trata-se de um câncer, uma lepra galopante, que corrói a sinceridade, a nobreza e a força de caráter. Tenhamos o cuidado de não ajustar nossas velas para apanharmos os ventos mutantes do favor e dos elogios humanos, mas olhemos mais para cima e digamos: Ele, o verdadeiro Comandante e Imperador, tem nossa sorte em suas mãos; precisamos agradar a ele, e a ele somente.[32]

Segundo, *frutificando em toda boa obra* (Colossenses 1:10). Boas intenções e belas palavras não bastam. O crente deve dar bons frutos. Sua união com Cristo é patenteada em frutos (João 15:8). A presença do Espírito em seu coração se evidencia nos frutos (Gálatas 5:22). Paulo atribui às boas obras um imenso valor quando elas são consideradas o fruto, e não a raiz, da graça.[33] Não se trata de ação ou obra alguma que o homem possa efetuar para conseguir mérito aos olhos de Deus, mas, sim, de atos tão cheios de amor que quem os observa não pode explicá-los sem recorrer à operação de Deus na vida do cristão.[34]

Terceiro, *crescendo no pleno conhecimento de Deus* (Colossenses 1:10). Esse conhecimento não é teórico, mas experimental. É levar Deus a sério. É ter um relacionamento íntimo com Deus, em vez de

---

[32] CHAMPLIN, Russell Norman. *O Novo Testamento interpretado versículo por versículo*. v. 5, p. 89.
[33] HENDRIKSEN, Guillermo. *Colosenses y Filemon*, p. 72.
[34] SHEDD, Russel. *Andai nele*, p. 23.

apenas especulá-lo. É andar face a face com Deus. Às vezes, somos como Absalão, estamos na cidade de Jerusalém, mas não vemos a face do Rei. Esse conhecimento de Deus é dinâmico e progressivo. O profeta Oseias diz que devemos conhecer e prosseguir em conhecer Deus (Oseias 6:3). Os cristãos são organismos que crescem, não máquinas que simplesmente desempenham a função para a qual foram projetadas.[35]

Quarto, *sendo fortalecidos com todo o poder, segundo a força da sua glória* (Colossenses 1:11). Você não é o que fala, mas o que faz. O grande problema da vida não é saber o que fazer, mas fazer o que se sabe. Por que não fazemos o que sabemos ser certo? É porque nos falta poder! Se Deus apenas nos dissesse o que é sua vontade, ficaríamos frustrados e até esmagados; mas Deus não só nos revela sua vontade, ele também nos capacita com poder para a cumprirmos. Por meio da oração alcançamos não apenas conhecimento da vontade de Deus, mas também poder para realizá-la.[36] O alvo dessa oração é que a igreja não fracasse diante do ataque ou do desencorajamento, deixando de cumprir seu mandato missionário.[37] Warren Wiersbe comenta este texto da seguinte maneira:

> Paulo usa dois termos gregos diferentes para se referir à energia de Deus: *dynamis* (de onde temos a palavra "dinamite"), que significa "poder inerente", e *kratos,* que significa "poder manifesto" posto em ação. A virtude da vida cristã é apenas resultado do poder de Deus operando em nossa vida.[38]

---

[35] CARSON, D. A. *Um chamado à reforma espiritual*, p. 110.
[36] BARCLAY, William. *El Nuevo Testamento comentado – Filipenses, Colosenses, I y II Tesalonicenses,* p. 117.
[37] MARTIN, Ralph P. *Colossenses e Filemon*, p. 63.
[38] WIERSBE, Warren W. *Comentário bíblico expositivo*, p. 147.

Paulo pede nesta oração poder sobre poder. Ele fala sobre *dynamis*, a dinamite que atravessa rocha granítica e quebra as resistências mais severas. Este é o poder ilimitado de Deus que criou o universo e ressuscitou Jesus dentre os mortos. Esse mesmo poder está à disposição da igreja. Paulo fala também de *kratos*, o poder daquele que governa o universo. Aquele que está assentado no trono e dirige as nações é o mesmo que nos capacita a viver de forma vitoriosa. "A força da sua glória" é o reflexo de todos os atributos de Deus. É o esplendor máximo de Deus em sua manifestação gloriosa.

Mas que poder é esse? Como ele se manifesta? Esse poder se mostra bem diferente da força que o mundo admira. O que o caracteriza não é a valentia, a bordoada, os punhos batendo na mesa, mas, pelo contrário, a "paciência" e a "longanimidade".[39] É isso o que veremos a seguir.

A CAPACITAÇÃO POR MEIO DA ORAÇÃO

Paulo ensina que, por meio da oração, somos capacitados por Deus a enfrentar os grandes desafios da vida cristã.

Em primeiro lugar, *aprendendo a lidar com circunstâncias difíceis* (Colossenses 1:11). A palavra grega *hupomone*, "perseverança", significa paciência para suportar circunstâncias difíceis. Perseverança é paciência em ação. Não é sentar-se em uma cadeira de balanço e esperar que Deus faça alguma coisa. É o soldado no campo de batalha, permanecendo em combate mesmo quando as circunstâncias se mostram desfavoráveis. É o corredor na pista, recusando-se a parar, pois deseja vencer a corrida (Hebreus 12:1).[40]

---

[39] BOOR, Werner de. *Carta aos Efésios, Filipenses e Colossenses*, p. 288.
[40] WIERSBE, Warren W. *Comentário bíblico expositivo*, p. 147.

Hupomone é uma das palavras mais ricas do Novo Testamento. Refere-se à paciência com circunstâncias difíceis. O cristianismo é diferente do estoicismo, filosofia grega que dizia que o homem não pode mudar as coisas. Existe um determinismo cego e implacável, e o segredo da felicidade é submeter-se ao destino sem reclamar. Um estoico trinca os dentes e atravessa as crises de forma determinada, mas sem alegria. O crente, porém, não crê em destino cego. Não crê em determinismo. Ele entende que Deus é soberano e governa todas as coisas. Quando passa por circunstâncias difíceis, não lamenta, não murmura, mas suporta triunfantemente as adversidades, ciente de que Deus está no controle de todas as coisas e realiza todas as coisas para seu bem.

João Crisóstomo, ilustre pregador do Oriente, dizia que *hupomone* é a fortaleza inexpugnável, o porto que não se abala com as tormentas. É essa paciência que produz paz na guerra, calma na tempestade e segurança contra os complôs. George Matheson, o compositor cristão que ficou cego antes de se casar, escreveu uma oração declarando ter aceitado a vontade de Deus, não com muda resignação, mas com santo gozo, não só sem murmurar, mas com um cântico de louvor.

William Barclay diz que *hupomone* não significa apenas capacidade para suportar as coisas, mas também habilidade para transformar essa situação adversa em triunfo. Trata-se de uma paciência vitoriosa. É aquele espírito que não pode ser vencido por nenhuma circunstância da vida. É a capacidade de sair triunfante de qualquer situação que possa acontecer.[41] Muitas pessoas são como os soldados de Saul: quando veem os gigantes, ficam desanimados e desistem

---

[41] BARCLAY, William. *El Nuevo Testamento comentado – Filipenses, Colosenses, I y II Tesalonicenses*, p. 117.

da luta (1Samuel 17:10,11,24). Para o cristão, todavia, é sempre cedo demais para desistir.

Em segundo lugar, *aprendendo a lidar com pessoas difíceis* (Colossenses 1:11). A palavra grega *makrothymia*, "longanimidade", refere-se à paciência com pessoas difíceis. Se *hupomone* trata da paciência com circunstâncias, *makrothymia* trata de paciência com pessoas. *Hupomone* é a paciência que não pode ser vencida por nenhuma circunstância; *makrothymia* é a paciência que não pode ser vencida por nenhuma pessoa. Ralph Martin diz que *hupomone* é usada em relação a circunstâncias adversas, ao passo que *makrothymia* é a virtude necessária quando pessoas difíceis de suportar atentam contra nosso autocontrole.

A intenção de Paulo ao orar pelos colossenses era equipá-los para sua luta contra a falsa doutrina.[42] Paulo ora para que os crentes triunfem diante de situações e pessoas difíceis. A fortaleza do crente nos acontecimentos adversos e a perseverança com as pessoas difíceis devem ser indestrutíveis.

Longanimidade, *makrothymia*, é um ânimo espichado ao máximo. É a capacidade de perdoar em vez de revidar. É a atitude de abençoar em vez de amaldiçoar. É a decisão de acolher em vez de escorraçar. É pagar o mal com o bem. É orar pelos inimigos e abençoar os que nos perseguem. Warren Wiersbe diz que *makrothymia* é o oposto de vingança.[43] Vale lembrar que, para os gregos, *makrothymia* não era virtude. A virtude para eles era a vingança.

William Barclay diz que *makrothymia* é a qualidade da mente e do coração que faz com que o homem seja capaz de suportar as pessoas de tal maneira que a antipatia, a malícia e a crueldade dos

---

[42] MARTIN, Ralph P. *Colossenses e Filemon*, p. 63.
[43] WIERSBE, Warren W. *Comentário bíblico expositivo*, p. 147.

outros não nos arrastem para a amargura; que a indocilidade e a loucura de terceiros não nos forcem ao desespero; que a insensatez alheia não nos arraste à exasperação, nem sua indiferença altere nosso amor. *Makrothymia* é o espírito que jamais perde a paciência.[44]

Em terceiro lugar, *aprendendo a cantar nas noites escuras* (Colossenses 1:11). Muitas pessoas podem até suportar circunstâncias adversas e lidar com pessoas difíceis, mas perdem a alegria no meio desse mar revolto. A maneira de lidar com situações adversas e pessoas difíceis não é travando uma luta triste, mas agindo com uma atitude radiante e luminosa. A alegria cristã está presente em todas as circunstâncias e diante de todas as pessoas.[45]

Há um tipo de perseverança que "suporta sem prazer algum". "Paulo ora pedindo que os cristãos de Colossos tenham perseverança e longanimidade com alegria".[46] É conhecida a expressão usada por C. F. D. Moule: "Se o gozo cristão não se arraiga na terra do sofrimento, ele é frívolo". O crente em Cristo passa por esse deserto cantando. Atravessa esse vale de lágrimas exultando em Deus. Ele canta na prisão como Paulo e Silas fizeram em Filipos. Como Jó, ele sabe que Deus inspira canções de louvor até nas noites escuras. É importante ressaltar que essa alegria que vai além das circunstâncias não é um sentimento natural que nós mesmos criamos, mas algo que o Espírito Santo produz em nós. A alegria é fruto do Espírito!

---

[44] BARCLAY, William. *El Nuevo Testamento comentado – Filipenses, Colosenses, I y II Tesalonicenses*, p. 118.
[45] BARCLAY, William. *El Nuevo Testamento comentado – Filipenses, Colosenses, I y II Tesalonicenses*, p. 118.
[46] WIERSBE, Warren W. *Comentário bíblico expositivo*, p. 148.

A oração cristã, pois, é: "Faz-me, Senhor, vitorioso sobre toda circunstância; faz-me paciente com cada pessoa e dá-me um gozo que nenhuma circunstância ou pessoa possa privar-me".[47]

Em quarto lugar, *aprendendo a agradecer pela gloriosa herança futura em meio à pobreza do presente* (Colossenses 1:12). Gratidão é voltar os olhos ao passado, e esperança é direcionar os olhos para o futuro. Nossa vida deve ser um eterno hino de gratidão a Deus, por aquilo que ele fez, faz e fará por nós (Efésios 5:20; 1Tessalonicenses 5:18).

Os crentes de Colossos eram pobres e estavam sob forte ataque dos inimigos. Paulo estava preso, passando privações e prestes a ser sentenciado à morte; contudo, embora desprovido das riquezas da terra, dava graças a Deus pela herança guardada no céu. Os crentes de Colossos eram "idôneos", ou seja, "qualificados" para esse reino. Deus nos qualificou para o céu! E, enquanto esperamos pela volta de Cristo, desfrutamos a parte que nos cabe da herança espiritual que temos nele.[48] A herança está "na luz" porque ele, que é a luz, ali habita e enche o céu com sua maravilhosa luz.[49]

Esse reino é presente ou futuro? A princípio os colossenses já estavam nele. Já tinham sido transferidos *do império das trevas para o reino do Filho de seu amor* (Colossenses 1:13). O Reino de Deus já chegou e está dentro de nós. A possessão plena, entretanto, pertence ao futuro. Trata-se da esperança que nos está reservada nos céus (Colossenses 1:5). Do Senhor receberemos a recompensa, a saber, a herança (Colossenses 3:24).[50] Mesmo pobres neste mundo, somos ricos, muito ricos. Somos herdeiros de Deus e coerdeiros com Cristo!

---

[47] BARCLAY, William. *El Nuevo Testamento comentado – Filipenses, Colosenses, I y II Tesalonicenses*, p. 118.
[48] WIERSBE, Warren W. *Comentário bíblico expositivo*, p. 149.
[49] RIENECKER, Fritz; ROGERS, Cleon. *Chave linguística do Novo Testamento grego*, p. 420.
[50] HENDRIKSEN, Guillermo. *Colosenses y Filemon*, p. 76.

3
A oração mais ousada da história

HERNANDES DIAS LOPES

A PRIMEIRA ORAÇÃO [Efésios 1:15-19] de Paulo na carta aos Efésios enfatiza a necessidade de iluminação; esta enfatiza capacitação. A ênfase agora não é no *conhecer*, mas no *ser*.[51] Esta oração é geralmente considerada a mais sublime, a de mais longo alcance e a mais nobre de todas as orações das epístolas paulinas e, possivelmente, de toda a Bíblia.[52] Esta oração é o ponto culminante da teologia de Paulo. É considerada a oração mais ousada da história (cf Efésios 3:14-21).

Paulo está preso, algemado, na antessala da morte, no corredor do martírio, com o pé na sepultura e a cabeça próxima da guilhotina romana. Ele tem muitas necessidades físicas e materiais imediatas e

---

[51] WIERSBE, Warren W. *Comentário bíblico expositivo*, p. 39.
[52] VAUGHAN, Curtis. *Efésios*. Flórida: Vida, 1986, p. 92.

urgentes, porém não faz nenhuma espécie de pedido a Deus relativo a essas necessidades.

Os homens podem colocar Paulo atrás das grades, mas não podem enjaular sua alma. Podem algemar suas mãos, mas não podem algemar a Palavra de Deus em seus lábios. Podem proibir Paulo de viajar, visitar e pregar nas igrejas, mas não podem impedi-lo de orar pelas igrejas. Sobre isso Lloyd-Jones escreve:

> O importante para nós é saber que Paulo está realmente dizendo que, embora prisioneiro, embora um perverso inimigo o tenha encarcerado, o tenha posto em grilhões, o tenha impossibilitado de visitar os efésios e de pregar-lhes (ou de ir a qualquer outro lugar para pregar), há uma coisa que o inimigo não pode fazer – não pode impedi-lo de orar. Ele ainda pode orar. O inimigo pode confiná-lo numa cela, pode meter ferrolhos e trancas nas portas, pode algemá-lo a soldados, pode pôr grades nas janelas, pode enclausurá-lo e confiná-lo fisicamente, entretanto nunca poderá obstruir o caminho do coração do crente mais humilde para o coração do Deus eterno.[53]

Paulo estava na prisão, mas não inativo. Ele realizava um poderoso ministério na prisão: o ministério da intercessão. Paulo nunca separou o ministério da instrução do ministério da oração. Instrução e oração andam juntas. Hoje, a maioria dos teólogos abandonou a trincheira da oração. Separamos a academia da piedade, a pregação da oração. Precisamos retornar às origens!

---

[53] LLOYD-JONES, D. M. *As insondáveis riquezas de Cristo*. São Paulo: Publicações Evangélicas. Selecionadas, 1992, p. 96.

○ PREÂMBULO DA ORAÇÃO

John Stott com oportuna lucidez diz que o prelúdio indispensável a toda petição é a revelação da vontade de Deus. Não temos autoridade para orar por qualquer coisa que Deus não tenha revelado ser sua vontade. É por isso que a leitura da Bíblia e a oração devem caminhar sempre juntas. É nas Escrituras que Deus revela sua vontade, e é na oração que pedimos que ele a realize.[54]

Na introdução de sua oração (cf. Efésios 3:14-21), podemos aprender três coisas importantes com o apóstolo Paulo.

Em primeiro lugar, *a postura de Paulo revela reverência. Por esta causa, me ponho de joelhos diante do Pai* (Efésios 3:14). Os judeus normalmente oravam de pé, mas Paulo se posiciona de joelhos. Tal postura era usada em ocasiões especiais ou circunstâncias excepcionais (Lucas 22:41; Atos 7:60).[55] A Bíblia não sacraliza a postura física com que devemos orar. Temos exemplos de pessoas orando em pé, assentadas, ajoelhadas, andando e até deitadas. Obviamente, não podemos ser desleixados com nossa postura física quando nos apresentamos Àquele que está assentado num alto e sublime trono. Um santo de joelhos enxerga mais longe que um filósofo na ponta dos pés. Quando a igreja ora, a mão onipotente que dirige o universo se move para agir providencialmente na História. Concordamos com a expressão: "Quando o homem trabalha, o trabalho é do homem; mas quando o homem ora, é Deus quem trabalha".

---
[54] STOTT, John. *A mensagem de Efésios*. São Paulo: ABU, 1986, p. 94.
[55] VAUGHAN, Curtis. *Efésios*, p. 92.

Em segundo lugar, *a motivação de Paulo revela exultação pela obra de Deus na igreja*. O apóstolo diz: *Por esta causa, me ponho de joelhos diante do Pai, de quem toma o nome toda família, tanto no céu como sobre a terra* (Efésios 3:14,15). Em Efésios 3:1,14, Paulo fala a respeito da gloriosa reconciliação dos gentios com Deus e dos gentios com os judeus, formando uma única igreja, o corpo de Cristo. A igreja da terra e a igreja do céu são a mesma igreja, a família de Deus. Paulo se refere aqui à igreja militante na terra e à igreja triunfante no céu como sendo uma única igreja. Somos a mesma igreja (Hebreus 12:22,23).[56] Os nomes de todos os crentes, sejam os que ainda estão na terra, sejam os que já estão no céu, estão escritos em um só livro da vida, e gravados no peitoral do único sumo sacerdote.[57]

Paulo se dirige a Deus como o nosso Pai: temos confiança e intimidade: ousadia, acesso e confiança (Efésios 3:12). A paternidade de Deus é "arquétipo", não havendo nada neste mundo que não tenha sua origem em Deus. Toda a ideia de paternidade se manifesta, tanto no céu como na terra, referindo-se à figura original da paternidade de Deus.[58] Aquele que é o Pai dos homens é também a fonte da confraternidade e unidade em todas as ordens dos seres finitos.[59] Nessa mesma linha de pensamento, Francis Foulkes diz que cada um recebe de Deus sua existência, seu conceito e experiência de paternidade. O nome do Pai não emergiu de nós, mas veio do alto até nós. A um Pai assim, Pai de todos, o único em quem

---

[56] HENDRIKSEN, William. *Efésios*. São Paulo: Cultura Cristã, 1992, p. 212.
[57] HENDRIKSEN, William. *Efésios*, p. 212.
[58] SHEDD, Russel. *Tão grande salvação*. São Paulo: ABU, 1978, p. 50.
[59] VAUGHAN, Curtis. *Efésios*, p. 93.

a paternidade é vista com perfeição, é que os homens se dirigem quando oram.[60]

Em terceiro lugar, *a audácia de Paulo revela sua confiança*. Paulo manifesta o desejo de que Deus atenda às suas súplicas *segundo a riqueza da sua glória* (Efésios 3:16). A glória de Deus não é um atributo de Deus, mas o pleno fulgor de todos os atributos de Deus. Curtis Vaughan diz que o apóstolo tinha em mente os ilimitados recursos que estão disponíveis a Deus.[61] Podemos fazer pedidos audaciosos a Deus. Seus recursos são inesgotáveis.

O CONTEÚDO DA ORAÇÃO – EFÉSIOS 3:14-21

Nesta oração, as petições de Paulo são como degraus de uma escada, cada um deles subindo mais, todos porém relacionados ao que veio antes. Solidamente entrelaçadas, cada ideia leva à ideia seguinte. O clímax da oração está nas últimas palavras do versículo 19: *para que sejais tomados de toda a plenitude de Deus*.[62] O que Paulo pede a Deus?

Em primeiro lugar, a oração de Paulo *é uma súplica por poder interior. Para que, segundo a riqueza da sua glória, vos conceda que sejais fortalecidos com poder, mediante o seu Espírito no homem interior; e, assim, habite Cristo no vosso coração, pela fé, estando vós arraigados e alicerçados em amor* (Efésios 3:16,17). Paulo não está pedindo que haja mudança nas circunstâncias, nem com relação a si mesmo, nem com relação a outros. Ele ora pedindo poder. A preocupação de

---

[60] FOULKES, Francis. *Efésios: introdução e comentário*. São Paulo: Vida Nova, 1963, p. 85.
[61] VAUGHAN, Curtis. *Efésios*, p. 94.
[62] VAUGHAN, Curtis. *Efésios*, p. 94-95.

Paulo não é com as coisas materiais, mas com as coisas espirituais. As orações de hoje, tão centradas no homem e na busca imediata de prosperidade e cura, estão longe do ideal desta oração paulina.

A oração de Paulo não é apenas espiritual, mas também específica. Paulo não divaga em sua oração. Ele não usa expressões genéricas. Não pede alívio dos problemas, mas poder para enfrentá-los. O poder é concedido pelo Espírito. A presença do Espírito na vida é evidência de salvação (Romanos 8:9), mas o poder do Espírito é evidência de capacitação para a vida (Atos 1:8). Jesus realizou seu ministério na terra sob o poder do Espírito Santo (Lucas 4:1,14; Atos 10:38). Há 59 referências ao Espírito Santo no livro de Atos, um quarto de todas as referências do Novo Testamento.

Precisamos ser fortalecidos com poder porque somos fracos, porque o diabo é astucioso, porque nosso homem interior (mente, coração e vontade) depende do poder do alto para viver em santidade.

Martyn Lloyd-Jones comenta sobre a experiência de Dwight L. Moody em Nova York:

> Subitamente quando caminhava na Wall Street lhe sobreveio o Espírito Santo; foi batizado com o Espírito Santo. Diz-nos ele que a experiência foi tão tremenda, tão gloriosa, que ele ficou em dúvida se poderia aguentá-la, no sentido físico; tanto assim que ele clamou a Deus que lhe segurasse a mão, para que ele não caísse na rua. Foi assim por causa da glória transcendental da experiência. Pode-se ver a mesma coisa nas experiências de Jonathan Edwards e David Brainerd.[63]

---

[63] LLOYD-JONES, D. M. *As insondáveis riquezas de Cristo*, p. 121.

O poder do Espírito Santo nos é dado de acordo com as riquezas de sua glória. Essas duas petições caminham juntas. As duas se referem ao ponto mais íntimo do cristão, "seu homem interior" de um lado, e "seu coração" do outro. Lloyd-Jones diz que o homem interior é o oposto do corpo e todas as suas faculdades e funções. Inclui o coração, a mente e o espírito do homem regenerado, do homem que está em Cristo Jesus.[64] O poder do Espírito e a habitação de Cristo referem-se à mesma experiência. É mediante o Espírito que Cristo habita em nosso coração (Romanos 8:9).[65]

Cada cristão é habitado pelo Espírito Santo e é templo do Espírito Santo. A habitação de Cristo, aqui, porém, é uma questão de intensidade. Havia duas palavras distintas para "habitar": *paroikéo* e *katoikéo*. A primeira significa "habitar como estrangeiro" (Efésios 2:19). Era usada para um peregrino que morasse longe de casa. *Katoikéo*, por outro lado, significa estabelecer-se em algum lugar. Refere-se a uma habitação permanente em contraste com uma temporária, e é usada tanto para a plenitude da Divindade habitando em Cristo (Colossenses 2:9) quanto para a plenitude de Cristo habitando no coração do crente (3:17).

A palavra escolhida, *katoikein*, denota a residência em contraste com o alojamento; a habitação do dono da casa em seu próprio lar em contraste com o viajante que sai do caminho para pernoitar em algum lugar e que no dia seguinte já terá ido embora.[66] Russell Shedd ainda lança luz sobre a palavra *katoikéo,* quando diz que ela significa tomar conta de toda a casa, tendo procuração ou autorização completa para poder fazer limpeza nas despensas caso se queira,

---

[64] LLOYD-JONES, D. M. *As insondáveis riquezas de Cristo*, p. 113.
[65] STOTT, John. *A mensagem de Efésios*, p. 96.
[66] STOTT, John. *A mensagem de Efésios*, p. 97.

mudar a mobília como se tencionar, jogar fora o que se desejar. Ele é o dono da casa.[67]

A palavra *katoikéo* também significa sentir-se bem ou sentir-se em casa. Cristo sente-se em casa em nosso coração. Os mesmos anjos que se hospedaram na casa de Abraão também se hospedaram na casa de Ló em Sodoma. Mas eles não se sentiram do mesmo jeito em ambas as casas.

Uma coisa é ser habitado pelo Espírito, outra é ser cheio do Espírito. Uma coisa é ter o Espírito residente, outra é ter o Espírito presidente. O coração do crente é o lugar da habitação de Cristo, onde ele está presente não apenas para consolar e animar, mas para reinar. Cristo em alguns está apenas presente; em outros, proeminente; mas, em outros, ele é preeminente.[68] Se Cristo está presente em nossos corações, algumas coisas não podem estar (2Coríntios 6:17,18; Gálatas 5:24).

Em segundo lugar, a oração de Paulo *é uma súplica por aprofundamento no amor fraternal.* [...] *estando vós arraigados e alicerçados em amor* (Efésios 3:17*b*). Para que Paulo pede poder do Espírito e plena soberania de Cristo em nós? Paulo ora para que os crentes sejam fortalecidos para amar. Nessa nova comunidade que Deus está formando, o amor é a virtude mais importante. Precisamos do poder do Espírito e da habitação de Cristo para amar uns aos outros, principalmente atravessando o profundo abismo racial e cultural que anteriormente nos separava. Martyn Lloyd-Jones faz um solene alerta sobre este ponto:

---

[67] SHEDD, Russell. *Tão grande salvação*, p. 52.
[68] VAUGHAN, Curtis. *Efésios*, p. 96.

O propósito de toda doutrina, o valor de toda instrução, é levar-nos à pessoa do nosso Senhor e Salvador Jesus Cristo. A falta de entendimento desse ponto tem sido uma armadilha para muitos na igreja através dos séculos. Para alguns cristãos professos a armadilha é perturbar-se acerca do conhecimento; essas pessoas já se acham numa posição falsa. Outros podem ver claramente que é para termos conhecimento, que as Escrituras nos concitam a isso, e assim eles se põem a buscar conhecimento. Então o diabo entra e transforma isso numa coisa puramente intelectual. O resultado é que eles têm cabeças repletas de conhecimento e de doutrina, mas os seus corações são frios e duros como pedras. O verdadeiro conhecimento cristão é conhecimento de uma pessoa. E porque é conhecimento de uma pessoa, leva ao amor, porque Ele é amor.[69]

Paulo usa duas metáforas para expressar a profundidade do amor: uma procedente da *botânica* e outra da *arquitetura*. Ambas enfatizam a profundidade em contraste com a superficialidade.[70] Devemos ser firmes como uma árvore e sólidos como um edifício. O amor deve ser o solo em que a vida deve ser plantada; o amor deve ser o fundamento em que a vida deve ser edificada.

Uma árvore precisa ter suas raízes profundas no solo se quer encontrar provisão e estabilidade. Assim também é o crente. Precisamos estar enraizados no amor de Cristo.

A parte mais importante de um edifício é o fundamento. Se ele não cresce para baixo solidamente, não pode crescer para cima

---

[69] LLOYD-JONES, D. M. *As insondáveis riquezas de Cristo*, p. 165.
[70] STOTT, John. *A mensagem de Efésios*, p. 97.

com segurança. As tempestades da vida provam se nossas raízes e se o fundamento da nossa vida são profundos (Mateus 7:24-27).

O amor é a principal virtude cristã (1Coríntios 13:1-3). O amor é a evidência do nosso discipulado (João 13:34,35). É a condição para realizarmos a obra de Deus (João 21:15-17). É o cumprimento da lei (1Coríntios 10:4). O conhecimento incha, mas o amor edifica (1Coríntios 8:2).

Em terceiro lugar, a oração de Paulo *é uma súplica por compreensão do amor de Cristo. A fim de poderdes compreender, com todos os santos, qual é a largura, e o comprimento, e a altura, e a profundidade e conhecer o amor de Cristo, que excede todo entendimento, para que sejais tomados de toda a plenitude de Deus* (Efésios 3:18,19). O apóstolo passa agora do nosso amor pelos irmãos para o amor de Cristo por nós. Precisamos de força e poder para compreender o amor de Cristo. A ideia central do pedido provém de duas ideias: *compreender* (3:18) e *conhecer* (3:19). A primeira sugere compreensão intelectual. Significa apossar-se de alguma coisa, tornando-a sua propriedade. Mas o verbo *conhecer* se refere a um conhecimento alcançado pela experiência. Portanto, a súplica implica que os crentes tenham um conhecimento objetivo do amor de Cristo e uma profunda experiência nele.

Paulo ora para que possamos *compreender* o amor de Cristo em suas plenas dimensões: qual a largura, e o comprimento, e a altura, e a profundidade (3:18). A referência às dimensões tem o propósito de tratar da imensurabilidade desse amor. O amor de Cristo é suficientemente largo para abranger a totalidade da humanidade (Apocalipse 5:9,11; 7:9; Colossenses 3:11), suficientemente comprido para durar por toda a eternidade (Jeremias 31:3; Apocalipse 13:8; João 13:1), suficientemente profundo para alcançar o pecador mais degradado (Isaías 53:6,7), e suficientemente alto para levá-lo ao céu (João 17:24).[71]

Russell Shedd entende que a *largura* do amor de Cristo abrange membros de toda tribo, língua, povo e nação. O evangelho é tão largo que não se pode excluir nenhuma entidade, nenhuma comunidade humana. Seu *comprimento* aponta para o tempo, começando no Éden, logo após a queda do homem, até o fim, quando Jesus voltar. Nunca houve nem haverá, até Cristo voltar, um intervalo na operação poderosa e salvadora do evangelho. A terceira dimensão é sua *altura,* que vem do mais alto céu e desce até o mais baixo inferno. E, finalmente, sua *profundidade:* chega até os piores pecadores, já descritos eficientemente (2:1-3). Não há nenhum pecador ou rebelde que não possa ser incluído em tão grande salvação.[72]

Alguns pais da igreja viram nessas quatro dimensões um símbolo da própria cruz de Cristo. É inatingível a magnitude do amor de Cristo pelos homens. O conhecimento do amor de Cristo deve ser obtido no contexto da comunhão fraternal. Paulo diz: [...] *a fim de poderdes compreender com todos os santos* (v. 18). O isolamento e a falta de comunhão com os crentes é um obstáculo à compreensão do amor de Cristo pelos homens. Precisamos da totalidade da igreja, sem barreira de raça, cultura, cor e denominação, para compreendermos o grande amor de Cristo por nós. Os santos contarão uns aos outros sobre suas descobertas e experiências com respeito a Cristo. Veja Salmo 66:16: *Vinde, ouvi, todos vós que temeis a Deus, e vos contarei o que tem ele feito por minha alma.*

O apóstolo continua: *e conhecer o amor de Cristo que excede todo o entendimento* (v. 19). O amor de Cristo é por demais largo,

---

[71] VAUGHAN, Curtis. *Efésios*, p. 97.
[72] SHEDD, Russell. *Tão grande salvação*, p. 54.

comprido, profundo e alto até mesmo para todos os santos entenderem. O amor de Cristo é tão inescrutável quanto são insondáveis suas riquezas (3:8). Sem dúvida passaremos a eternidade explorando as inesgotáveis riquezas da graça e do amor de Cristo. Passaremos a eternidade contemplando o amor de Cristo, maravilhados e extasiados. Entretanto, o que nos cabe é começar nisso aqui e agora, nesta vida.[73] O amor de Cristo tem quatro dimensões, mas elas não podem ser medidas. Nós somos tão ricos em Cristo que as nossas riquezas não podem ser calculadas nem mesmo pelo mais hábil contabilista.

Em quarto lugar, a oração de Paulo *é uma súplica pela plenitude de Deus*. [...] *para que sejais tomados de toda a plenitude de Deus* (Efésios 3:19*b*). Provavelmente, nenhuma oração poderá ser mais sublime que esta porque ela inclui todas as outras. Seu sentido pleno está além da nossa compreensão, e é bem provável que tivesse vindo a ser a oração que os efésios estimassem como a de mais alto nível espiritual.[74] Nessa carta aos efésios, Paulo nos exorta a ser cheios de plenitude do Filho (1:23), do Pai (3:19) e do Espírito Santo (5:18). Devemos ser cheios da própria Trindade. Embora Deus seja transcendente e nem os céus dos céus possam contê-lo (2Crônicas 6:18), ele habita em nós de forma plena. O pedido de Paulo é que sejamos tomados de toda a plenitude de Deus! Deus está presente em cada célula, em cada membro do corpo, em cada área da vida. Tudo é tragado pela presença e pelo domínio de Deus.

Devemos ser cheios não apenas com a plenitude de Deus, mas até a plenitude de Deus. Devemos ser santos como Deus é santo e perfeitos como Deus é perfeito (1Pedro 1:16; Mateus 5:48). Devemos ficar cheios até o limite, cheios até aquela plenitude de Deus que

---

[73] LLOYD-JONES, D. M. *As insondáveis riquezas de Cristo*, p. 194.
[74] VAUGHAN, Curtis. *Efésios*, p. 98.

os seres humanos são capazes de receber sem deixar de permanecer humanos. Isso significa também que seremos semelhantes a Cristo, ou seja, alcançaremos o propósito eterno de Deus (Romanos 8:29; 2Coríntios 3:18). Significa, igualmente, que atingiremos a plenitude do amor, sobre o qual Paulo acabara de falar em sua oração. Então, se cumprirá a oração do próprio Jesus: [...] *a fim de que o amor com que me amaste esteja neles, e eu neles esteja* (João 17:26).

Gostamos de medir a nós mesmos, comparando-nos com os crentes mais fracos que conhecemos. E então nos orgulhamos: "Bem, estou melhor que eles". Paulo, porém, esclarece que a medida é Cristo e que não podemos orgulhar-nos de coisa alguma. Quando tivermos alcançado a plenitude de Cristo, teremos então chegado ao limite.

A CONCLUSÃO DA ORAÇÃO

Na conclusão desta magnífica oração do apóstolo Paulo, ele trata de dois pontos muito importantes:

Em primeiro lugar, *a capacidade de Deus responder às orações. Ora, àquele que é poderoso para fazer infinitamente mais do que tudo quando pedimos ou pensamos, conforme o seu poder que opera em nós* (Efésios 3:20). John Stott diz que a capacidade de Deus responder às orações é declarada pelo apóstolo de modo dinâmico em uma expressão composta por sete etapas: 1) Deus é poderoso para fazer: ele não está ocioso, nem inativo, nem morto. 2) Deus é poderoso para fazer o que pedimos: ele escuta a oração e a responde. 3) Deus é poderoso para fazer o que pedimos ou pensamos: ele lê os nossos pensamentos. 4) Deus é poderoso para fazer tudo quanto pedimos ou pensamos: ele sabe de tudo e tudo pode realizar. 5) Deus é poderoso para fazer mais do que tudo o que pedimos ou pensamos: suas expectativas são mais altas que as nossas. 6) Deus é poderoso para fazer muito mais do que tudo quanto pedimos ou pensamos: sua graça não é dada por medidas racionadas. 7) Deus é poderoso para fazer infinitamente mais do que tudo quanto pedimos ou pensamos conforme seu poder que opera em nós: ele é o Deus da superabundância.[75]

Em segundo lugar, *a doxologia ao Deus que responde às orações. A ele seja a glória, na igreja e em Cristo Jesus, por todas as gerações, para todo o sempre. Amém* (Efésios 3:21). Nada poderia ser acrescentado a essa oração de Paulo senão a doxologia: "A ele seja a glória". Deus é o único que tem poder para ressuscitar e fazer com que o sonho se torne realidade. O poder vem da parte dele; a glória deve ser dada a ele. O apóstolo conclui: "A ele seja a glória, na igreja e em Cristo Jesus, por todas as gerações, para todo o sempre. Amém". A igreja é a esfera na qual a glória de Deus se manifesta. Concordo com Curtis Vaughan quando ele diz que nada podemos acrescentar à inerente glória de Deus, mas podemos viver de tal modo que nossa vida contribua para que outros possam também contemplar a sua glória.[76] A Deus seja a glória no corpo e na cabeça, na comunidade da paz e no pacificador, por todas as gerações (na história), para todo o sempre (na eternidade).

---

[75] STOTT, John. *A mensagem de Efésios*, p. 100.
[76] VAUGHAN, Curtis. *Efésios*, p. 100.

4
Uma oração fervorosa por restauração

HERNANDES DIAS LOPES

A FAMÍLIA PRECISA DE UM REAVIVAMENTO. Precisa de um sopro divino, trazendo um novo alento e novo vigor. Todo avivamento é precedido por oração. Antes das chuvas do Espírito descerem, precisamos subir à presença de Deus como Elias. O derramamento do Espírito Santo vem é sobre os sedentos, como a chuva cai sobre a terra seca (Isaías 44:3). Precisamos ter sede de Deus para sermos cheios. Precisamos desejar Deus mais do que as dádivas de Deus. A Bíblia e a história estão cheias de exemplo dos revigorantes derramamentos do Espírito que visitaram as famílias e as igrejas como resultado da oração.

O Pentecostes veio em resposta à oração (Atos 1:14). Os discípulos perseveraram unânimes em oração, e o Espírito foi derramado sobre eles. Jonathan Edwards, o clássico teólogo do avivamento, diz: "Quando Deus tem algo muito grande a fazer em favor da igreja, ele desperta o seu povo para orar". Charles H. Spurgeon, o príncipe dos pregadores do século 19, diz: "Todas as nossas bibliotecas e estudos são apenas vácuos comparados ao nosso recinto secreto de oração".

Quando a igreja ora, os céus se movem, o inferno treme e coisas grandes acontecem na terra. Quando os pais se prostram de joelhos em oração pelos filhos, Deus põe os filhos de pé. Quando Elias orou no Carmelo, as torrentes de Deus caíram sobre a terra seca. Quando Jesus orou no Jordão, os céus se abriram, o Espírito desceu sobre ele, e o Pai disse: *Este é o meu Filho amado, em quem me comprazo.*

O profeta Isaías, de forma eloquente, registra sua oração pela restauração de Jerusalém: *Sobre os teus muros, ó Jerusalém, pus guardas, que todo o dia e toda a noite jamais se calarão; vós, os que fareis lembrado o Senhor, não descanseis, nem deis a ele descanso até que restabeleça Jerusalém e a ponha por objeto de louvor na terra* (Isaías 62:6,7). Essa é, também, uma oração pela restauração da família e da igreja. Vejamos:

Em primeiro lugar, *é uma oração vigilante* (Isaías 62:6). *Sobre os teus muros, ó Jerusalém, pus guardas.* Aqueles que oram são como guardas sobre os muros, de olhos atentos aos perigos que ameaçam a igreja e prontos a conclamar o povo de Deus à batalha. Orar é entrar numa renhida peleja. Lutamos pelos nossos filhos. Lutamos pela igreja. Nessa luta não podemos dormir nem ficar desatentos. Precisamos de permanente vigilância. A vida cristã não é uma ilha paradisíaca, mas um campo de guerra.

Orar é ter a expectativa da ajuda naquele que é o Senhor dos exércitos. Oração sem expectativa não é oração. A oração que não aguarda a resposta não é verdadeira. Quem ora, faz como Habacuque: *Sobe à torre de vigia e espera a resposta de Deus* (Habacuque 2:1). Quem ora age como Jacó: agarra-se ao Senhor e não o larga até receber a bênção (Gênesis 32:26). Quem ora, espera grandes coisas do Senhor como o leproso: *Senhor, se tu quiseres, podes purificar-me* (Mateus 8:2). Quem ora sabe que a oração produz convulsões e revoluções bombásticas na história (Apocalipse 8:3-5), por isso, se mantém na expectativa.

Em segundo lugar, *é uma oração perseverante* (Isaías 62:6). *[...] que todo dia e toda noite jamais se calarão* [...] Somos como os guardas que todo o dia e toda a noite jamais se calam. Não podemos esmorecer. Não podemos desanimar. Os intercessores devem fazer soar sua voz perseverantemente. Só aqueles que perseveram na oração veem os grandes livramentos de Deus. Só aqueles que mantêm a chama acesa da intercessão, contemplam a plena restauração da família e da igreja.

A nossa dificuldade como pais não é orar, mas perseverar na oração. Jesus falou da necessidade de orar sem cessar e nunca esmorecer (Lucas 18:1). Paulo orava sem cessar (1Tessalonicenses 5:17). Elias não desistiu de orar, até que na sétima vez, viu uma nuvem no céu, prenunciando a chuva torrencial. Jesus diz a seus discípulos: *Permanecei na cidade até que do alto sejais revestidos de poder* (Lucas 24:49). Os discípulos perseveraram, unânimes em oração até que o Espírito Santo foi derramado (Atos 1:14). Isaías fala de orar todo dia e toda noite. Somos como os guardas que todo o dia e toda a noite jamais se calam. Não podemos esmorecer. Não podemos desanimar. Os intercessores devem fazer soar sua voz perseverantemente. Só aqueles que perseveram na oração veem os grandes livramentos de Deus. Só aqueles que mantêm a chama acesa da intercessão, contemplam a plena restauração da igreja.

O avivamento na Coreia do Sul, no século passado, começou com uma reunião de oração ao meio-dia. Depois de um mês, um irmão propôs acabar com a reunião. "Estamos perdendo tempo. Já oramos um mês e nada aconteceu". Mas a igreja não desanimou e logo depois o avivamento chegou e ainda hoje vemos os sinais desse poderoso avivamento.

Em terceiro lugar, *é uma oração fundamentada nas promessas de Deus* (Isaías 62:6). [...] *vós, os que fareis lembrado o Senhor* [...] Oração por avivamento é oração que lembra a Deus suas promessas. Orar eficazmente é orar a Palavra de Deus. É orar baseado nas promessas de Deus. É orar segundo a vontade de Deus (1João 5:14). Orar poderosamente é falar a Deus o que Deus falou-nos em sua palavra. É orar as promessas de Deus. É lembrar a Deus o que ele nos prometeu. Ele vela para que sua Palavra seja cumprida. Nenhuma de suas promessas cai por terra. Sua Palavra não pode falhar. Foi assim que o rei Josafá orou (2Crônicas 20:5-12). Foi assim que o profeta Daniel orou (Daniel 9:4-19). Foi assim que Neemias orou (Neemias 1:5-11).

O intercessor é alguém que lembra a Deus o que ele prometeu. Não oramos buscando a satisfação de nossos caprichos, nem mesmo a consecução de nossa vontade. Oramos estribados nas promessas de Deus. Ele vela pela sua Palavra para cumpri-la. Nenhuma de suas promessas cai por terra. Devemos orar a Palavra e nos agarrar nas promessas. Orar as promessas de Deus é ter a convicção de que nossa oração está alinhada com a vontade de Deus.

Em quarto lugar, *é uma oração infatigável* (Isaías 62:6). [...] *não descanseis*. Aqueles que oram pela restauração dos filhos e da igreja não podem se render ao cansaço. Oração é guerra. É batalha. Produz fadiga e esgotamento. Mas aqueles que anseiam ver a restauração da igreja não podem afrouxar as mãos, não podem descansar nem ensarilhar as armas. É preciso vigor para prosseguir. É preciso tenacidade para não retroceder. É preciso disposição para não se acomodar. Devemos orar com suor, com lágrimas e com sangue como Jesus no Getsêmani.

David Brainerd, o jovem missionário entre os índios antropófagos, no século 18, suava de molhar a camisa, nas noites geladas no meio da selva, até que Deus derramou seu Espírito sobre os índios peles vermelhas. Mônica orou por seu filho Agostinho trinta anos. Não descansou até ver o milagre de Deus em sua vida. De um homem devasso foi transformado no maior expoente da igreja nos primeiros séculos. Dela disse Ambrósio: "Um filho de tantas lágrimas não poderia perecer". Ana, mesmo sendo estéril, mesmo sendo zombada por sua rival Penina, mesmo sendo incompreendida pelo sacerdote Eli e mesmo sendo desafiada por Elcana, seu marido, a desistir de esperar um milagre, orou perseverantemente até que Deus ouviu seu clamor, sua madre foi aberta e fez dela a mãe do maior profeta de sua geração. Devemos orar como o amigo que buscou ajuda à meia-noite (Lucas 11:5-8).

Em quinto lugar, *é uma oração importuna* (Isaías 62:7). *Nem deis a ele descanso*. Os intercessores não podem dar a Deus descanso. Precisam pedir, buscar e bater constantemente à porta da graça. Nossa oração precisa ter esse senso de urgência. Precisa ser importuna. Precisa insistir com Deus e continuar insistindo. Muito embora a mão de Deus não esteja encolhida nem seus ouvidos fechados ao nosso clamor, nós precisamos lembrar a Deus suas promessas e não dar descanso a Deus com nossos rogos. Essa é a oração que agrada a Deus e abençoa a igreja.

Lutero diz que orar é bombardear o céu. Devemos insistir com Deus como Jacó: *Não te deixarei ir se tu não me abençoares* (Gênesis 32:26). Esse foi o clamor de Moisés: *Agora, pois, perdoa-lhe o pecado; ou, não, risca-me, peço-te, do livro que escreveste* (Êxodo 32:32). Devemos ser importunos como aquela viúva que batia à porta do juiz (Lucas 18:1-8). Devemos importunar Deus como fez Abraão em favor de Ló e sua família. Foi assim, que os jovens universitários de Oxford oraram pelo avivamento da Inglaterra em 1739. A igreja da Inglaterra parecia um vale de ossos secos. Em virtude da onda de ateísmo que varreu a Inglaterra, como fruto do Iluminismo, poucos pregadores acreditavam ser a Bíblia a Palavra de Deus. A igrejas estavam vazias. Pregadores pregavam sermões mortos para auditórios sonolentos e desciam do púlpito para se embriagar nas mesas de jogo. Todos apostavam no fracasso irremediável da igreja. Foi nesse tempo de sequidão que John Wesley, George Whitefield e outros jovens começaram a clamar aos céus por um reavivamento. E o reavivamento chegou no dia 31 de dezembro de 1739, às três horas da madrugada. Esses jovens foram revestidos com o poder do Espírito Santo. Começaram a pregar com um novo vigor. As igrejas encheram-se de pessoas famintas da Palavra. Nas praças as pessoas se acotovelavam disputando um espaço para ouvir a pregação da Palavra. Deus levantou a igreja das cinzas e salvou a Inglaterra do banho de sangue de Revolução Francesa. Famílias foram restauradas. Filhos foram salvos. A igreja foi reavivada.

Foi assim, também, que Evan Roberts orou pelo avivamento do País de Gales em 1904. O país estava mergulhado numa densa escuridão. Em seis meses, depois que Deus visitou a igreja com um poderoso reavivamento, mais de 100 mil pessoas foram agregadas à igreja.

Fato semelhante aconteceu em 1857 em Nova York, nos Estados Unidos. Jeremiah Lanphier, missionário urbano, orou pelo avivamento no centro da cidade. A ele se juntaram mais de 10 mil pessoas clamando a Deus por um despertamento espiritual. Uma onda de reavivamento varreu o país e mais de 2 milhões de pessoas foram salvas.

Em sexto lugar, *é uma oração objetiva* (Isaías 62:7). *Até que.* Esta oração não cessa até que a resposta chegue. A expressão "até que..." deve nos ensinar a não desistir da oração porque a resposta ainda não chegou. Se Deus parece demorar não é porque ele desistiu de nós, mas é porque ele age no seu tempo, para o louvor de sua glória, para nos dar coisas maiores do que planejamos. Seus caminhos são mais altos do que os nossos e seus pensamentos mais elevados do que os nossos.

Nossa oração não pode ser trôpega, oscilante, covarde. Não orar até que fiquemos esgotados. É orar até que a resposta chegue. George Muller, o homem que cuidou de crianças pobres, teve mais de três mil orações específicas respondidas. Todavia, dois amigos pelos quais orou a vida toda, até o dia de sua morte, continuaram com o coração endurecido. Um converteu-se no dia de sua morte; o outro, no dia do seu sepultamento.

O profeta Oséias diz: *É tempo de buscar ao Senhor, até que ele venha, e chova a justiça sobre nós* (Os 10:12). Em face da promessa de Jesus em Lucas 24:49, os discípulos oraram perseverantemente e unanimemente até que o Espírito Santo foi derramado (Atos 1:14; 2:1-3). O avivamento na África do Sul demorou doze anos desde que começaram a orar por ele. Porém, até hoje vemos as reverberações desse avivamento. A igreja coreana ora com intenso fervor. As igrejas reúnem-se todos os dias de madrugada para buscar a face de Deus. Um novo alento pode ser visto naquela igreja. Missionários são enviados por essa igreja ao mundo todo. Jovens se levantam para dedicar sua vida à pregação do evangelho.

Em sétimo lugar, *é uma oração por restauração* (Isaías 62:7). [...] *restabeleça Jerusalém e a ponha por objeto de louvor na terra*. A oração erguida aos céus não é por coisas materiais, mas por restauração espiritual. É um pedido para que Deus restabeleça Jerusalém e a coloque por objeto de louvor na terra. Precisamos, de igual forma, orar pela restauração da igreja. Não raro ela tem perdido o vigor de seu testemunho e sido motivo de zombaria no mundo. Nosso clamor deve ser pela restauração da igreja, a fim de que ela seja um luzeiro a brilhar e um instrumento poderoso nas mãos do Senhor para trazer glória para o nome de Deus no céu, salvação para os pecadores na terra. O desejo de Isaías é que a cidade desolada se tornasse uma coroa de glória na mão do Senhor (Isaías 62:3), a delícia de Deus (Isaías 62:5).

Hoje vemos ao redor do mundo uma igreja desolada. As famílias estão desoladas. É tempo de orarmos por restauração, pela volta dos pródigos, pelo arrependimento dos impenitentes, pela conversão dos filhos.

No dia 23 de setembro de 1723, Ludwig Van Zinzendorf começou uma reunião na Alemanha que durou 100 anos ininterruptamente. Oh, que Deus derrame sobre nós esse espírito de súplicas! Oh, que caiam sobre nós, as torrentes abundantes do Espírito Santo, trazendo um novo alento para a família e para a igreja!

Na época de Dwight L. Moody, no século 19, nos Estados Unidos da América, uma viajante assim se expressou: "Hoje eu vi uma reunião de oração de 800 milhas". Todo o país era uma corrente de oração. Mais de 2 milhões de pessoas foram salvas naquele tempo. Missionários foram enviados ao mundo inteiro.

Queremos um avivamento. Precisamos de um avivamento. É tempo de orarmos até que Deus venha sobre nós e traga a nós um tempo de refrigério, um poderoso derramamento do Espírito!

Por **Arival** Dias Casimiro

5
Aprendendo a orar com Jesus

Arival Dias Casimiro

Orar é reconhecer-se incompetente e impotente. Orar é apresentar-se a Deus com um atestado de pobreza ou uma declaração de incapacidade. Orar é pedir; e quem pede é fraco e dependente. Orar é quebrantar-se, é abrir mão da autoconfiança e da independência de Deus. Orar é humilhar-se diante de Deus, submetendo-se à sua vontade. Por isso, temos tantas dificuldades para orar. A oração atinge de forma certeira nossa vaidade e detona nosso senso de autossuficiência. Acreditamos que a oração é necessária, mas dela fugimos, pois ela produz mudanças na vida de quem a pratica. E nós não queremos mudar.

Richard J. Foster declara:

> Hoje, anelamos por oração e nos escondemos da oração. Somos por ela atraídos e por ela repelidos. Acreditamos que a oração é

algo que devemos fazer, até mesmo algo que desejamos fazer; mas é como se um abismo se interpusesse entre nós e o ato de orar. Experimentamos a agonia da falta de oração.[77]

Temos sérias dificuldades com a oração. Uma delas é que não sabemos orar como convém. Pedimos mal e não recebemos o que pedimos. Por isso precisamos da assistência do Espírito Santo: *Também o Espírito, semelhantemente, nos assiste em nossa fraqueza; porque não sabemos orar como convém, mas o mesmo Espírito intercede por nós sobremaneira, com gemidos inexprimíveis* (Romanos 8:26). Precisamos também da instrução bíblica para orar corretamente. Carecemos da instrução de Jesus, conforme o pedido dos discípulos: *Senhor, ensina-nos a orar* (Lucas 11:1). Não basta orar. Precisamos orar de maneira correta. A Bíblia é o nosso "manual de oração" e nela aprendemos três princípios gerais sobre a oração.

Em primeiro lugar, *a oração deve ser dirigida a Deus.* Devemos orar em nome, ou pela mediação, de Jesus e com o auxílio do Espírito Santo (João 14:13; Romanos 8:26). A Trindade santa é a causa e o objeto da nossa oração.

Em segundo lugar, *a oração é um privilégio dos filhos de Deus.* A oração deve ser praticada sempre, em todas as circunstâncias. Devemos orar incessantemente. Podemos orar, pois não há limites para pedirmos (João 14:13; 1Tessalonicenses 5:17).

Em terceiro lugar, *Deus responde a todas as orações.* O Senhor responde a todas as orações que lhes são feitas, mesmo que sua resposta não agrade àquele que orou (Salmos 66:18-20; Tiago 4:3). Nenhuma oração feita a Deus fica sem resposta.

---

[77] FOSTER, Richard J. *Oração: o refúgio da alma.* Rio de Janeiro: Vozes, 1996, p. 19.

Lucas é conhecido como o "evangelista da oração". Seu evangelho abre com o povo de Deus em oração (Lucas 1:10, 13) e fecha com os fiéis alegremente louvando a Deus, no templo (Lucas 24:53). Outras referências à oração incluem: Ana adorando a Deus com jejuns e orações (Lucas 2:36-38); Jesus orando ao ser batizado (Lucas 3:21); Jesus orando no deserto, na alta madrugada (Lucas 4:42); Jesus orando sozinho (Lucas 5:16); Jesus orando antes de chamar os Doze (Lucas 6,12); Jesus orando separadamente (Lucas 9:18); Jesus orando e se transfigurando (Lucas 9:29); Jesus orando em gratidão ao Pai (Lucas 10:21-23); Jesus ensinando os discípulos a orar (Lucas 11:1-4,5-8,9-13); a parábola do juiz iníquo (Lucas 18:1-8); a parábola do fariseu e o publicano (Lucas 18:9-14); exortação de Jesus à vigilância (Lucas 21:36); Jesus orando no Getsêmani (Lucas 22:39-46), Jesus orando na cruz (Lucas 23:46).

Somente Lucas diz que Jesus orou por Pedro, quando o discípulo estava sendo provado por Satanás (Lucas 22:32). William Barclay resume dizendo que Lucas é, em especial, o evangelho da oração.[78]

A teologia da oração apresentada por Lucas pode ser dividida em dois blocos: a vida de oração de Jesus (Lucas 3:21; 5:16; 6:12; 9:18,29; 22:32,41; 23:46) e o ensino de Jesus sobre a oração (Lucas 10:2; 11:1-13; 18:1-14; 21:36). Vamos analisar quatro passagens de Lucas, com o objetivo de aprender e praticar o ensino de Jesus sobre a oração.

---

[78] BARCLAY, William. *El Nuevo Testamento comentado – Lucas.* Buenos Aires: La Aurora, 1973, p. 9.

Oração pelo envio de trabalhadores (Lucas 10:2)

Jesus ensina que a oração é muito importante para a realização da obra missionária. A oração é fundamental na vocação, no treinamento, no envio e no trabalho dos missionários. Ele disse: *A seara é grande, mas os trabalhadores são poucos. Rogai, pois, ao senhor da seara que mande trabalhadores para a sua seara* (Lucas 10:2). Há três preciosas lições neste versículo.

Em primeiro lugar, *a seara é grande, mas os trabalhadores são poucos*. Jesus faz uma relação entre o tamanho do campo de trabalho e a quantidade de trabalhadores. A seara é grande ou imensa. Geograficamente, ela começa em Jerusalém e vai até os confins da terra. As dimensões são mundiais. A seara engloba toda criatura humana e alcança todas as nações da terra. No entanto, os trabalhadores são poucos.

Em segundo lugar, *Deus envia trabalhadores para a seara em resposta à oração de seu povo*. Temos aqui o equilíbrio entre a soberania de Deus e a responsabilidade humana. Deus é quem envia os obreiros. Ele chama, capacita e envia pessoas para o trabalho (Jeremias 1:4-7; Mateus 9:37-38). Em contrapartida, nós devemos orar. A oração é o esforço humano. Charles Spurgeon afirmou: "Sempre que Deus deseja realizar algo, ele convoca seu povo a orar". Max Lucado explica isso da seguinte maneira: "Quando agimos, colhemos os frutos do nosso trabalho; mas, quando oramos, colhemos os frutos do trabalho de Deus".

Precisamos orar! Precisamos clamar para que o Senhor envie obreiros, líderes espirituais vocacionados por ele mesmo. A maior crise da igreja hoje é vocacional: pessoas não convertidas trabalhando no serviço da igreja, homens sem vocação divina ocupando o pastorado e liderando a igreja. Precisamos entender o que disse Michael Green: "A oração move a mão que move o mundo!"

É importante observar que Deus envia trabalhadores, não críticos ou aproveitadores. O termo "trabalhador" indica pessoas que se afadigam ou se esforçam no trabalho exaustivo. *Agora, vos rogamos, irmãos, que acateis com apreço os que trabalham entre vós e os que vos presidem no Senhor e vos admoestam; e que os tenhais com amor em máxima consideração, por causa do trabalho que realizam. Vivei em paz uns com os outros* (1Tessalonicenses 5:12-13).

Em terceiro lugar, *a seara pertence a Deus*. Os obreiros devem trabalhar na seara do Senhor. A expressão "do Senhor" denota propriedade. As vidas que são salvas, as igrejas que são plantadas, os recursos que são ofertados, tudo isso pertence ao dono da seara: Deus. É preciso que tenhamos em mente esta verdade: a igreja pertence ao Senhor. O apóstolo Pedro escreve: *Pastoreai o rebanho de Deus que há entre vós, não por constrangimento, mas espontaneamente, como Deus quer; nem por sórdida ganância, mas de boa vontade* (1Pedro 5:2).

William Hendriksen afirma:

> Esses obreiros devem trabalhar em "sua" seara – isto é, de Deus. As pessoas a quem tentamos conquistar para o Senhor não nos pertencem, para que façamos com elas o que bem quisermos; elas são seara dele. É preciso que esse fato esteja sempre na mente. [79]

Foi isso o que Paulo ensinou aos presbíteros de Éfeso: *Atendei por vós e por todo o rebanho sobre qual o Espírito Santo vos constituiu bispos, para pastoreardes a igreja de Deus, a qual ele comprou com o seu próprio sangue* (Atos 20:28). A ênfase de Paulo é que o rebanho pertence a Deus.

---

[79] HENDRIKSEN, William, *Lucas*. v. 2. São Paulo: Cultura Cristã, 2003, p. 64.

Como é triste ver hoje homens que se dizem donos de ministérios ou proprietários de igrejas, manipulando e explorando vidas aflitas e exaustas como se fossem ovelhas que não têm pastor. Como é triste ver empresários eclesiásticos que comercializam de forma impiedosa a fé. O recurso que temos contra tudo isso é a oração. Precisamos orar! Precisamos clamar ao dono da seara que destrua os falsos obreiros e envie verdadeiros trabalhadores. A oração é indispensável para a realização da obra missionária.

ORAÇÃO PARA O SUPRIMENTO DE NECESSIDADES (LUCAS 11:1-13)

Lucas 11 pode ser chamado de "o capítulo da oração". Nele temos um resumo de vários ensinos de Jesus acerca da oração.

Em primeiro lugar, *Jesus é o mestre da oração*. *De uma feita, estava Jesus orando em certo lugar; quando terminou, um dos seus discípulos lhe pediu: Senhor, ensina-nos a orar como também João ensinou aos seus discípulos* (Lucas 11:1). A pergunta necessária é: Por que os discípulos pediram a Jesus que os ensinasse a orar? Creio que eles estavam impressionados com a maneira pela qual Jesus orava.[80] Ele orou em seu batismo (Lucas 3:21), solitariamente no deserto (Lucas 5:16), antes de escolher os doze apóstolos (Lucas 6:12), antes da confissão de fé dos discípulos (Lucas 9:18), em sua transfiguração (Lucas 9:29) e durante todos os seus dias na terra (Hebreus 5:7). Os discípulos viam em Jesus um exemplo de oração.

Também aprendemos aqui que somente quem ora está capacitado para ensinar a orar. Os discípulos queriam aprender de Jesus o segredo de uma vida de oração. "Ensina-nos a orar" é o pedido dos

---

[80] MORIS, Leon L. *Lucas: introdução e comentário*. Rio de Janeiro: Record, 2007, p. 182.

discípulos a alguém que praticava e vivia em oração. Eles sabiam que Jesus tinha o habito de orar diariamente (Marcos 1:35).

Finalmente, a oração é uma necessidade que deve ter a primazia na nossa vida espiritual. Se Jesus era homem perfeito e orou muito, nós que somos pecadores devemos orar sem cessar. Se João Batista, que foi cheio do Espírito Santo desde o ventre materno, orou muito, quanto mais nós devemos fazê-lo (Lucas 7:28)! A oração é o oxigênio que mantém a vida espiritual. Warren W. Wiersbe comenta que a oração eficaz é a provisão para todas as necessidades e a solução para todos os problemas.[81]

Em segundo lugar, *Jesus nos oferece um modelo de oração. Então, ele os ensinou: Quando orardes dizei: Pai, santificado seja o teu nome, venha o teu reino; o pão nosso cotidiano dá-nos de dia em dia; perdoa-nos os nossos pecados, pois também nós perdoamos a todo o que nos deve; e não nos deixes cair em tentação* (Lucas 11:2-4). Jesus atende ao pedido dos discípulos. Observe que ele nos oferece um padrão que orientará nossa maneira de orar. Por intermédio de cada petição, Jesus revela a posição que o discípulo assume ao orar.

A essência da oração está mais na condição em que se coloca o pedinte, do que propriamente no que ele diz na oração. Usando o texto paralelo de Mateus, podemos esquematizar:

PETIÇÃO	POSIÇÃO
Pai nosso, que estás nos céus	Filhos
Santificado seja o teu nome	Adoradores
Venha o teu reino	Súditos
Faça-se a tua vontade, assim na terra como no céu	Servos
O pão nosso de cada dia dá-nos hoje.	Dependentes
Perdoa-nos as nossas dívidas	Pecadores
E não nos deixes cair em tentação, mas livra-nos do mal	Fracos espiritualmente

---

[81] WIERSBE, Warren W. *Comentário bíblico expositivo – Novo Testamento I*. Rio de Janeiro: Central Gospel, 2006, p. 278.

Em terceiro lugar, *Jesus apresenta quais devem ser as motivações da oração. Disse-lhes ainda Jesus: Qual dentre vós, tendo um amigo, e este for procurá-lo à meia-noite e lhe disser: Amigo, empresta-me três pães, pois um meu amigo, chegando de viagem, procurou-me, e eu nada tenho que lhe oferecer. E o outro lhe responda lá de dentro, dizendo: Não me importunes; a porta já está fechada, e os meus filhos comigo também já estão deitados. Não posso levantar-me para tos dar; digo-vos que, se não se levantar para dar-lhos por ser seu amigo, todavia, o fará por causa da importunação e lhe dará tudo o de que tiver necessidade* (Lucas 11:5-13). Jesus apresenta um grande motivo para orarmos: Deus responderá às nossas orações por causa de sua amizade e paternidade. Nesta parábola do "amigo importuno", fica clara a disposição de Deus em responder aos nossos pedidos, mesmo em horários e circunstâncias aparentemente inconvenientes ou inoportunos.

A mensagem principal da parábola está no versículo 8: *Digo-vos que, se não se levantar para dar-lhos por ser seu amigo, todavia o fará por causa da importunação e lhe dará tudo o de que tiver necessidade*. Deus quer que nós o busquemos em oração, com o objetivo de termos todas as nossas necessidades atendidas. Observe que a ênfase de Jesus é no atendimento das nossas necessidades (Mateus 6:32; Filipenses 4:19). Devemos orar sem constrangimento ou sem medo de pedir.

Nos versículos 9 a 13, Jesus nos incita a orar: *Por isso, vos digo: Pedi, e dar-se-vos-á; buscai, e achareis; batei, e abrir-se-vos-á. Pois todo o que pede recebe; o que busca encontra; e a quem bate, abrir-se-lhe-á. Qual dentre vós é o pai que, se o filho lhe pedir [pão, lhe dará uma pedra? Ou se pedir] um peixe, lhe dará em lugar de peixe uma cobra? Ou, se lhe pedir um ovo lhe dará um escorpião? Ora, se vós, que sois maus, sabeis dar boas dádivas aos vossos filhos, quanto mais o Pai celestial dará o Espírito Santo àqueles que lho pedirem?*. Destacamos desse trecho três lições importantes.

Primeiro, *devemos orar de maneira persistente ou contínua*. Os verbos "pedi", "buscai" e "batei" indicam continuidade do ato e o aumento da intensidade na oração. "A oração é o suor da alma" (Martinho Lutero). Devemos persistir em oração. Não devemos buscar Deus somente nas emergências noturnas, mas manter-nos em comunhão constante com ele.

Segundo, *todo aquele que ora recebe a resposta de sua oração*. As palavras: "recebe", "encontra" e "abrir-se-lhe-á" indicam isto. Deus responde às nossas orações. Se você não obtém tudo o que pede, é porque o Salvador pretende dar-lhe algo melhor. O salmista declara: *Bendito seja Deus, que não me rejeita a oração, nem aparta de mim a sua graça* (Salmos 66:20).

Terceiro, *Deus responde à nossa oração porque é o nosso Pai bondoso*. Não precisamos temer a resposta divina. Se um pai humano, sendo pecador, dá boas coisas a seus filhos, imaginem como o Pai celeste ajudará os seus filhos.

ORAÇÃO COM PERSEVERANÇA E HUMILDADE (LUCAS 18:1-14)

Lucas registra duas parábolas sobre a maneira correta de orar: a parábola do juiz iníquo e a parábola do fariseu e do publicano.

A primeira parábola, do juiz iníquo, nos ensina que devemos orar e nunca desistir:

> Disse-lhes Jesus uma parábola sobre o dever de orar sempre e nunca esmorecer. Havia em certa cidade um juiz que não temia a Deus, nem respeitava homem algum. Havia também, naquela mesma cidade, uma viúva que vinha ter com ele, dizendo: Julga a minha causa

contra o meu adversário. Ele, por algum tempo, não a quis atender; mas, depois, disse consigo: Bem que eu não temo a Deus, nem respeito a homem algum; todavia, como esta viúva me importuna, julgarei a sua causa, para não suceder que, por fim, venha a molestar-me. Então, disse o Senhor: Considerai no que diz este juiz iníquo. Não fará Deus justiça aos seus escolhidos, que a ele clamam dia e noite, embora pareça demorado em defendê-los? Digo-vos que, depressa, lhes fará justiça. Contudo, quando vier o Filho do Homem, achará, porventura, fé na terra? (Lucas 18:1-8).

Warren W. Wiersbe comenta que o objetivo principal de Jesus é ensinar os discípulos a orar e, para esse fim, ele apresenta três contrastes: o contraste entre orar e esmorecer (v. 1), o contraste entre a viúva e os escolhidos de Deus (v. 2-5) e o contraste entre o juiz e o Pai.[82]

Entendemos que a ênfase de Jesus é a perseverança na oração. Destacamos o seguinte verso: *Não fará Deus justiça aos seus escolhidos, que a ele clamam dia e noite, embora pareça demorado em defendê-los?* (Lucas 18:7). Encontramos três lições primordiais neste versículo: 1) Todo cristão foi eleito por Deus para orar. Devemos orar porque fomos escolhidos para orar. Fomos eleitos para a salvação, eleitos para a santificação, eleitos para a frutificação e eleitos para orar sem esmorecer. 2) Todo cristão deve orar sempre, sem esmorecer, clamando dia e noite, seguindo o exemplo de Jesus. 3) Deus responde à oração no tempo certo e com a resposta certa, ainda que, aos nossos olhos, pareça que Deus está atrasado ou indiferente ao nosso clamor.

---

[82] WIERSBE, Warren W. *Comentário bíblico expositivo – Novo Testamento I*, p. 321-322.

A segunda parábola, do fariseu e do publicano, nos ensina que devemos orar com uma correta atitude mental e espiritual. Não devemos orar achando que somos mais justos ou espirituais que os outros.

Propôs também esta parábola a alguns que confiavam em si mesmos, por se considerarem justos, e desprezavam os outros: Dois homens subiram ao templo com o propósito de orar: um, fariseu, e o outro, publicano. O fariseu, posto em pé, orava de si para si mesmo, desta forma: Ó Deus, graças te dou porque não sou como os demais homens, roubadores, injustos e adúlteros, nem ainda como este publicano; jejuo duas vezes por semana e dou o dízimo de tudo quanto ganho. O publicano, estando em pé, longe, não ousava nem ainda levantar os olhos ao céu, mas batia no peito, dizendo: Ó Deus, sê propício a mim, pecador! Digo-vos que este desceu justificado para sua casa, e não aquele; porque todo o que se exalta será humilhado; mas o que se humilha será exaltado (Lucas 18:9-14).

Quatro lições importantes são ensinadas pela comparação entre o fariseu e o publicano: 1) Dois homens: um fariseu e um publicano – o primeiro representa a classe religiosa que foi condenada por Jesus, por causa de sua hipocrisia; o segundo, a classe dos pecadores que viviam à margem da sociedade, por causa de sua conduta moral. 2) Duas orações: o fariseu orava de si para si mesmo e o publicano orava com humildade a Deus. A primeira não era uma oração, mas um discurso soberbo. Nenhum orgulhoso pode orar a Deus. A segunda era uma confissão humilde de pecado. Somente por meio da oração o cristão pode ser quebrantado e libertado de sua soberba. 3) Dois resultados: o publicano foi para casa justificado, declarado perdoado por Deus; e o fariseu partiu sem nada ou do mesmo jeito que se encontrava, sob a condenação de Deus. 4) Uma grande lição: somente os humildes receberão a graça de Deus: *Porque todo o que se exalta será humilhado; mas o que se humilha será exaltado.*

Concluindo o ensino de Jesus sobre oração no livro de Lucas, destacamos a chamada "oração de escape". Jesus encerra o sermão profético com a seguinte advertência: *Vigiai, pois, a todo tempo, orando, para que possais escapar de todas estas cousas que têm de suceder e estar em pé na presença do Filho do homem* (Lucas 21:36). Temos aqui três ensinos práticos: 1) É dever do cristão vigiar e orar sempre até a segunda volta de Jesus Cristo. Só quando estivermos no céu, deixaremos de orar. 2) A oração ajudará o crente a escapar ou a sobreviver aos fatos que acontecerão antes do fim do mundo. A oração gera preservação e proteção espiritual. 3) A oração ajudará o crente a manter-se de pé para alcançar a salvação no último dia.

6
A luta da oração

ARIVAL DIAS CASIMIRO

ESTE LIVRO FOI ESCRITO para motivar você a orar. No entanto, você pode questionar: "Mais um livro sobre oração? Eu não aguento mais ler sobre oração; eu preciso é orar!" Você tem toda razão! E alguém já disse que podemos ler todos os livros que têm sido escritos sobre oração, mas, enquanto não tomarmos a firme decisão de orar, não aprenderemos o que é orar. Precisamos transformar a teoria em prática.

Aprendemos a orar orando e com pessoas que oram. E uma das melhores maneiras de aprender a orar é estudando as orações da Bíblia. Desafiamos você a ler e a meditar nas orações feitas por homens de Deus: a oração de Abraão por Sodoma (Gênesis 18:23-33), a oração de Moisés pelo povo de Israel (Êxodo 32:11-14), a oração de Davi agradecendo as ofertas para a construção do templo (1Crônicas 29:10-19), a oração de Salomão consagrando o templo (1Reis 8:22-53), a oração de Jabez (1Crônicas 4:9-10), a oração de Esdras confessando o pecado do povo (9:5-15), a oração de Neemias (Neemias 1:4-11), a oração de Daniel pelo povo cativo (Daniel 9:4-19), a oração de Ezequias (2Reis 19:14-19), a oração de Habacuque (Habacuque 3:2-19), a oração do Pai-nosso (Mateus 6:9-15), a oração sacerdotal de Jesus (João 17), a oração de Estêvão (Atos 7:59,60), a oração de louvor de Judas (Judas 24,25) e as orações de Paulo.

A maior lição que tenho aprendido com as orações bíblicas é que todas elas evidenciam uma grande luta espiritual. Orar é lutar contra a nossa natureza pecaminosa e contra as forças espirituais do mal. Disse Jesus: *Vigiai e orai, para que não entreis em tentação; o espírito, na verdade, está pronto, mas a carne é fraca* (Mateus 26:41). Há uma luta entre o nosso espírito (*pneuma*) e a nossa carne (*sarx*) no campo da prática da oração. Desejamos orar e ter uma vida de maior comunhão com Deus, mas não conseguimos por causa da fragilidade da nossa natureza. Somos ordenados a orar, mas não oramos. Seríamos invencíveis se dobrássemos mais os joelhos, mas não o fazemos. Podemos dizer como o apóstolo Paulo: *De maneira que eu, de mim mesmo, com a mente, sou escravo da lei de Deus, mas, segundo a carne, da lei do pecado* (Romanos 7:25). Em outras palavras: eu posso orar, eu preciso orar, eu quero orar, mas eu não consigo orar como deveria.

Você já se sentiu assim frustrado com a sua vida de oração? Então, bem-vindo ao grupo! O primeiro degrau para escalar a vida de oração vitoriosa é reconhecer que temos dificuldades para orar.

Paulo nos convida a lutar em oração

O apóstolo Paulo era um homem de oração. O segredo da vitalidade espiritual era sua vida de oração. Analisar a vida e as orações de Paulo se revela um dos estudos mais fascinantes no Novo Testamento. Como Paulo orou? Qual era o conteúdo de suas orações? Qual a importância das orações de Paulo para nós, hoje?

Relacionamos a seguir as orações de Paulo conforme aparecem em suas cartas:

- Romanos 1:8-10; 10:1; 12:12 e 15:5-6,13,30-33;
- 1Coríntios 1:4-9 e 16:23;
- 2Coríntios 1:3-7; 2:14-16; 9:12-15; 12:7-9 e 13:7-9;
- Gálatas 6:18;
- Efésios 1:15-23; 3:14-21 e 6:19,20;
- Filipenses 1:3-6,9-11 e 4:6,7,23;
- Colossenses 1:3-14 e 4:2-4;
- 1Tessalonicenses 1:2-3; 2:13-16; 3:9-13 e 5:23,24,28;
- 2Tessalonicenses 1:3-12; 2:16,17 e 3:2-5,16;
- 1Timóteo 1:12 e 2:1,2;
- 2Timóteo 1:3-5 e 4:22;
- Tito 3:15;
- Filemom 4:7,25.

Leia e medite em cada uma delas. Gaste tempo meditando nas orações bíblicas. Ore a Palavra de Deus.

Paulo era um homem de oração. É dele o vocabulário mais rico do Novo Testamento quando o assunto é oração. A palavra "oração" aparece 105 vezes nas treze cartas de sua autoria, e ele utiliza

16 palavras diferentes na língua grega para oração. Os termos mais apreciados por Paulo são *eucharistheó* ("dar graças"), utilizado 23 vezes, e *eucharistia* ("ação de graças"), empregado 12 vezes.[83] Paulo era um homem de oração. Sua vida foi uma oração a Deus. Seu ministério foi um sacrifício de gratidão ao Pai. Ele começou a orar imediatamente à sua conversão: *Então, o Senhor lhe ordenou: Dispõe-te, e vai à rua que se chama Direita, e, na casa de Judas, procura por Saulo, apelidado de Tarso; pois ele está orando* (Atos 9:11). A frase "ele está orando" marca o início de uma oração que durou até sua morte. Paulo orava incessantemente, noite e dia, em qualquer lugar. É dele que recebemos o mandamento da oração: "Orai sem cessar" (1Tessalonicenses 5:17). Devemos orar sem parar, sem duvidar e sem esmorecer.

Paulo era um homem de oração. Ele orou na prisão, no templo, no deserto, nos lares, na praia, na sinagoga e no navio. Ele orava porque entendia que era impossível viver sem orar. E a base teológica que sustentava sua vida de oração era a soberania de Deus: *Pois nele vivemos, e nos movemos, e existimos* (Atos 17:28). Sua visão da existência humana era teocêntrica: "Porque dele, e por meio dele, e para ele são todas as coisas" (Romanos 11:36). Logo, nenhuma atividade humana está desassociada de Deus: *Porque, se vivemos, para o Senhor vivemos; se morremos, para o Senhor morremos. Quer, pois, vivamos ou morramos, somos do Senhor* (Romanos 14:8).

O evangelista D. L. Moody viajou para Londres a fim de ouvir o grande pregador Spurgeon. Após a visita, ele testemunhou: "O que mais me impressionou não foi o louvor, embora acredito nunca ter ouvido tão grande cântico congregacional. Não foi a exposição

---

[83] HAWTHORNE, Gerald F.; MARTIN, Ralph (orgs.). *Dicionário de Paulo e suas cartas*. São Paulo: Vida Nova, Paulus & Loyola, 2008, p. 890-902.

do sr. Spurgeon, apesar de sua excelência, nem mesmo foi seu sermão que mais me impressionou. O que mais me impressionou foi sua oração. Ele parecia ter tão grande acesso a Deus que podia trazer para baixo o poder do céu; este foi o grande segredo de sua influência e de seu sucesso"[84].

O grande segredo da influência de Paulo era sua vida de oração. Ele era um homem de oração e encarava a oração como se fosse uma luta. Ele escreve aos crentes de Roma: *Rogo-vos, pois, irmãos, por nosso Senhor Jesus Cristo e também pelo amor do Espírito, que luteis juntamente comigo nas orações a Deus a meu favor, para que eu me veja livre dos rebeldes que vivem na Judeia, e que este meu serviço em Jerusalém seja bem aceito pelos santos; a fim de que, ao visitar-vos, pela vontade de Deus, chegue à vossa presença com alegria e possa recrear-me convosco* (Romanos 15:30-32).

Em primeiro lugar, *Paulo entende a oração como uma luta*. Paulo convoca os romanos: *Luteis juntamente comigo nas orações*. A palavra "lutar" faz parte do vocabulário dos jogos olímpicos e era utilizada para descrever o esforço que um atleta fazia para ganhar uma competição. O termo "agonia" vem dessa palavra grega. A ideia de Paulo é que a oração é uma atividade que demanda muito esforço, uma luta exaustiva conosco mesmo.[85]

Precisamos guerrear conosco para podermos orar. Temos que vencer nossa crônica indisposição para orar. Isto é algo agonizante e exige muita determinação. Samuel Zwerner disse: "A oração é o ginásio de esportes da alma". Paulo diz a Timóteo: *Exercita-te pessoalmente na piedade* (1Timóteo 4:7). Necessitamos investir tempo em cuidar da nossa alma. Precisamos nos matricular na

---

[84] http://www.blogger.com/feeds/4736106708018846034/posts/default
[85] STOTT, John. *A mensagem de Romanos*. São Paulo: ABU, 2000, p. 468.

academia da oração. Somos responsáveis individualmente pelo progresso da nossa vida espiritual. E. M. Bounds disse que "o pequeno valor que damos à nossa oração torna-se evidente pelo tempo que dedicamos a ela".

Infelizmente parece que perdemos a guerra para nós mesmos. Somos crentes de pouca oração. Não temos tempo para orar. Não valorizamos o poder da oração e a vemos como um símbolo de impotência: "Ora, eu não posso fazer nada por você; vou apenas orar". Mas, em nome de Jesus, vamos reagir! Lutemos e retomemos nossa vida de oração particular. Digamos como Davi: *À tarde, pela manhã e ao meio-dia farei as minhas queixas e lamentarei; e ele ouvirá a minha voz* (Salmos 55:17). Façamos como Hemã: *Ó SENHOR, Deus da minha salvação, dia e noite clamo diante de ti* (Salmos 88:1).

Retomemos também a prática da oração comunitária. Voltemos a frequentar os cultos de oração na igreja. Obedeçamos ao mandamento bíblico: *Não deixemos de congregar-nos, como é costume de alguns; antes, façamos admoestações e tanto mais quanto vedes que o dia se aproxima* (Hebreus 10:25). Algo poderoso e maravilhoso acontece quando a igreja se reúne para orar. Não existe poder maior que uma igreja reunida em oração.

Em Atos 12, Lucas registra que, enquanto a igreja de Deus crescia e se multiplicava, o inimigo levantava grande perseguição contra ela. Herodes ordenou a prisão de vários cristãos e alguns foram mortos, entre eles o apóstolo Tiago. Pedro seria a próxima vítima. Contudo, quando o diabo ataca, a igreja deve resistir em oração: *Pedro, pois, estava guardado no cárcere; mas havia oração incessante a Deus por parte da igreja a favor dele* (Atos 12:5). Esse é o versículo-chave do capítulo. Uma situação: Pedro estava preso em uma cela de segurança máxima. Uma reação: havia oração incessante a Deus por parte da igreja a favor dele. Quem orava? A igreja ou muitos irmãos. Como eles oravam? De forma incessante ou continuamente, ao longo de uma semana. A quem eles oravam? A Deus, o soberano Senhor. Pelo que oravam? A favor de Pedro ou por sua libertação da prisão. Qual foi o resultado da oração da igreja? Pedro foi libertado de forma miraculosa, e Herodes terminou morto.

Deus derrota Satanás por meio do poder de uma igreja que ora. O poder de Deus é liberado quando a igreja ora de forma objetiva e persistente. Precisamos orar mais na igreja. Precisamos resgatar o conceito de que a igreja é a "casa de oração" (Mateus 21:13). Warren W. Wiersbe declara:

> Quando é que a mão de Deus opera? Quando a igreja de Deus ora. A mão de Deus não opera à parte da oração. Oração é que move a mão de Deus. Nós amarramos as mãos de Deus pela nossa incredulidade. Ouço os membros da igreja reclamando porque as pessoas não estão sendo salvas, porque a igreja não está crescendo, porque as contas não estão sendo pagas. As mãos de Deus operam quando o povo de Deus ora.[86]

Assuma o compromisso de participar dos cultos de oração promovidos por sua igreja. Integre-se a um grupo de oração familiar ou inicie um grupo de oração em sua casa.

Precisamos lutar com Deus em oração até que ele nos ajude. Deus está disposto a nos abençoar, se o buscarmos em oração. O profeta Isaías declara: *Porque desde a antiguidade não se ouviu, nem com*

---

[86] WIERSBE, Warren W. *O que acontece quando as igrejas oram.* São Paulo: Imprensa Batista Regular, 1998, p. 9.

ouvidos se percebeu, nem com os olhos se viu Deus além de ti, que trabalha para aquele que nele espera (Isaías 64:4). Há três lições contidas nesse versículo: 1) A singularidade de Deus: ele é único. Não existe registro histórico da existência de outro Deus igual a ele. 2) Sua competência: ele trabalha para seu povo. Outros deuses são carregados por seus fiéis, mas Deus é quem carrega seu povo (Isaías 46:1-4). Deus se compromete em trabalhar para nós. Logo, tudo o que ele fizer por nós será um grande sucesso. Não haverá fracassos ou frustrações. 3) A condição de seu trabalho: Deus trabalha para aquele que nele espera. Mas o que significa "esperar no Senhor"? É o ato de confiar nele em vez de apressadamente buscar ajuda humana. É a prática de buscar a Deus em oração, consultando sua vontade (2Samuel 5:19). É a atitude ousada de "detê-lo", como diz o profeta: *Já ninguém há que invoque o teu nome, que se desperte e te detenha* (Isaías 64:7).

Façamos como Jacó: agarremos as promessas de Deus e lutemos com o Senhor em oração. Busquemos a Deus com a seguinte determinação: *Não te deixarei ir se me não abençoares* (Gênesis 32:26). Não larguemos o Senhor até sermos nocauteados por ele, pois nossa grande vitória é sermos vencidos por ele.

Peçamos a ajuda do Espírito. Ele habita em nós. Ele é Deus, o Consolador. Somente o Espírito pode ajudar-nos a vencer essa indisposição para oração. A genuína oração é produzida por ele: *Também o Espírito, semelhantemente, nos assiste em nossa fraqueza; porque não sabemos orar como convém, mas o mesmo Espírito intercede por nós sobremaneira, com gemidos inexprimíveis* (Romanos 8:26). Não sabemos orar. E a verdadeira oração é colocada em nós pelo Espírito. Ralph Herring disse: "Deus só responde aos pedidos inspirados por ele".

Precisamos lutar contra o diabo em oração. O inimigo não quer que oremos. E a verdadeira oração "inclui um elemento de esforço, disciplina, trabalho, agonia espiritual contra os sombrios poderes do mal".[87] Paulo ensina que nossa guerra não é contra pessoas, mas contra os principados e potestades, contra os dominadores deste mundo tenebroso, contra as forças espirituais do mal, nas regiões celestes (Efésios 6:10-12). Eles são poderosos (João 12:31), malignos (os agentes secretos do mal) e astutos ou inteligentes para enganar (2Coríntios 11:14).

O objetivo do diabo e das forças espirituais do mal é nos derrubar e prejudicar o nosso relacionamento com Deus. Para isso o inimigo arma ciladas e lança dardos inflamados para nos destruir. Paulo, entretanto, garante que podemos vencer: *Portanto, tomai toda a armadura de Deus, para que possais resistir no dia mau e, depois de terdes vencido tudo, permanecer inabaláveis* (Efésios 6:13).

Nós podemos vencer esses ataques e permanecer firmes no Senhor, desde que lutemos com as armas corretas. Primeiro, precisamos usar a armadura de Deus (este termo só aparece mais uma vez no NT, em Lucas 11:21,22). Trata de uma vestimenta de guerra, que possui seis peças importantes: *Estai, pois, firmes, cingindo-vos com a verdade e vestindo-vos da couraça da justiça. Calçai os pés com a preparação do evangelho da paz; embraçando sempre o escudo da fé, com o qual podereis apagar todos os dardos inflamados do Maligno. Tomai também o capacete da salvação e a espada do Espírito, que é a palavra de Deus* (Efésios 6:14-17). Segundo, precisamos da oração. O poder de Deus só é derramado pela oração. A armadura de Deus só é eficaz se estiver acompanhada de oração: *Com toda*

---

[87] CARSON, D. A. *Um chamado à reforma espiritual*, p. 215.

oração e súplica, orando em todo tempo no Espírito e para isto vigiando com toda perseverança e súplica por todos os santos e também por mim; para que me seja dada, no abrir da minha boca, a palavra, para, com intrepidez, fazer conhecido o mistério do evangelho, pelo qual sou embaixador em cadeias, para que, em Cristo, eu seja ousado para falar, como me cumpre fazê-lo (Efésios 6:18-20). Encontramos aqui cinco destaques: 1) A variedade da oração: toda a oração e súplica. 2) O quando e o onde da oração: em todo tempo e no Espírito. 3) A forma da oração: em alerta e em toda a perseverança. 4) Os alvos da oração: por todos os santos. 5) A prioridade da oração: pelos líderes e por aqueles que estão na obra missionária.

Em segundo lugar, *Paulo entende a oração como uma luta solidária.* Paulo pede aos irmãos: *Lutei juntamente comigo nas orações a Deus a meu favor.* A expressão "lutei juntamente" indica um esforço coletivo, tal como uma equipe que se dedica para ganhar uma competição esportiva. A ênfase de Paulo é sobre a solidariedade da oração intercessória. Paulo diz: *Gostaria, pois, que soubésseis quão grande luta venho mantendo por vós, pelos laodicenses e por quantos não me viram face a face* (Colossenses 2:1). Paulo se envolveu em uma "grande luta" em oração pelo bem espiritual de irmãos que ele nem conhecia. Trata-se de um "esforço agonizante e extenuante" tal como a experiência de Epafras: *Saúda-vos Epafras, que é dentre vós, servo de Cristo Jesus, o qual se esforça sobremaneira, continuamente, por vós nas orações, para que vos conserveis perfeitos e plenamente convictos em toda a vontade de Deus* (Colossenses 4:12).

Podemos ajudar uns aos outros através da oração intercessória. Pessoas podem ser convertidas, problemas podem ser solucionados e portas podem ser abertas em resposta à oração intercessória. Richard J. Foster declara:

A intercessão é uma maneira de amarmos os outros. Quando mudamos da petição para a intercessão, estamos deslocando o centro da gravidade das nossas próprias necessidades para as necessidades e interesses dos outros. A oração intercessória é uma oração altruísta, até mesmo uma oração de autodoação.[88]

A oração intercessória está ligada ao ofício sacerdotal de Jesus Cristo e ao sacerdócio universal dos crentes. Jesus intercede por nós: *Quem os condenará? É Cristo Jesus quem morreu ou, antes, quem ressuscitou, o qual está à direita de Deus e também intercede por nós* (Romanos 8:34).

Nós intercedemos uns pelos outros. Tiago fala da eficácia da oração intercessória: *Confessai, pois, os vossos pecados uns aos outros e orai uns pelos outros, para serdes curados. Muito pode, por sua eficácia, a súplica do justo* (Tiago 5:16). A oração intercessória é poderosa para ajudar o aflito, para curar os enfermos, para abençoar a nação e para converter os perdidos.

Paulo entendia que a oração intercessória era fundamental para seu trabalho missionário. Ele tinha parceiros individuais de oração (Colossenses 4:10-11), mas também pedia ao povo da igreja que orasse por ele. *Irmãos, orai por nós* (1Tessalonicenses 5:25). Ele incentivava os outros a perseverar em oração e pedia que os irmãos orassem para que Deus dirigisse seu trabalho: *Perseverai na oração, vigiando com ações de graças. Suplicai, ao mesmo tempo, também por nós, para que Deus nos abra porta à Palavra, a fim de falarmos do mistério de Cristo, pelo qual também estou algemado; para que eu o manifeste, como devo fazer* (Colossenses 4:2-4). O apóstolo entendia que oportunidades e estratégias de pregação são respostas de orações.

---

[88] Foster, Richard J. *Oração: o refúgio da alma*, p. 217.

Paulo pede aos crentes de Tessalônica que orem por aqueles que estão envolvidos na obra do Senhor. *Finalmente, irmãos, orai por nós, para que a palavra do Senhor se propague e seja glorificada, como também está acontecendo entre vós; e para que sejamos livres dos homens perversos e maus; porque a fé não é de todos* (2Tessalonicenses 3:1,2).

Primeiro, o apóstolo pede oração pelos que trabalham na obra de Deus: "Orai por nós". Paulo sabia da importância da oração (2Coríntios 1:11). Pede oração por ele mesmo e por toda sua equipe missionária. Eles se dedicam exclusivamente ao trabalho de evangelização e plantação de igrejas. A oração intercessória é muito importante para a realização da obra e para o bem espiritual dos obreiros. Há pouca mão de obra para um trabalho tão grande, e os obreiros estão expostos ao desânimo e ao cansaço.

Segundo, o apóstolo faz pedidos específicos: pela obra e pelos obreiros. Paulo diz: *Para que a Palavra do Senhor se propague e seja glorificada, como também está acontecendo entre vós; e para que sejamos livres dos homens perversos e maus*. Paulo não pede oração por motivos materiais (dinheiro, transporte, sustento), pois sabe que Deus supre cada uma de suas necessidades. Ele ora por motivos espirituais. Ele sabe que o diabo, com o intuito de prejudicar a obra de Deus, ataca primeiro o trabalho que está sendo feito e depois os obreiros.

O primeiro motivo é que a palavra do Senhor se propague, isto é, para que o evangelho pregado corra ou siga sua trajetória sem impedimentos e com muito sucesso. Ele quer que a Palavra de Deus seja coroada de glória, através de pessoas convertidas. O segundo motivo é que os obreiros sejam salvos de homens injustos e maus (Atos 18:5-6,12-17). O diabo sabe que não pode impedir o avanço da obra de Deus, mas não desiste de maltratar os obreiros (Atos 12:1-5).

Terceiro, ele apresenta a motivação para o povo orar: *porque a fé não é de todos*. Se a fé não é de todos, nem todos são amigos da fé. E a ausência de fé explica a hostilidade das pessoas a Cristo, ao evangelho e aos trabalhadores do Senhor. Por outro lado, aqueles que têm fé devem orar (Lucas 18:1-8). Se a fé é dos eleitos, estes devem clamar de dia e de noite pela obra (Tito 1:1). A oração é um privilégio dos eleitos para a fé.

Ao concluir este capítulo, chamo a atenção dos homens. É necessário que os líderes e todo o povo de Deus orem uns pelos outros. Os homens, porém, receberam de Deus uma responsabilidade especial. *Quero, portanto, que os varões orem em todo lugar, levantando mãos santas, sem ira e sem animosidade* (1Timóteo 2:8). Paulo se dirige aos homens, "varões", pessoas do sexo masculino. O local da oração é "em todo lugar", e a atitude apropriada é ter "mãos santas, sem ira e sem animosidade". Os homens precisam assumir seu papel de liderança na oração, em casa e na igreja. Os homens têm a responsabilidade de ser líderes sacerdotais na prática da oração. Abracemos a luta pessoal e solidária da oração.

7
Orando por nosso futuro

ARIVAL DIAS CASIMIRO

A MAIOR MOTIVAÇÃO que temos para orar é a certeza de que Deus é soberano. Oramos ao Senhor que está no céu e tudo faz como lhe agrada. Ele é o Rei do universo. Caso não fosse, nossas orações jamais poderiam ser ouvidas. Não existiria a possibilidade de mudança e não haveria espaço para esperança. A doutrina bíblica da soberania de Deus ensina que tudo o que acontece em toda a criação, natural ou espiritual, faz parte de um plano estabelecido por Deus. Ele faz todas as coisas de acordo com o conselho de sua vontade (Efésios 1:11).

Mas, se Deus já ordenou todas as coisas que irão acontecer, por que orar? A oração mudaria ou alteraria os planos de Deus? Será que a doutrina da soberania de Deus não faz com que a prática da oração seja algo inútil? Refletindo sobre a providência de Deus e a oração, R. C. Sproul declara:

A oração não muda a mente de Deus... nunca. Por que não? Exatamente porque não pode aprender novidade alguma vinda da nossa parte e porque nunca tem um plano inferior ao perfeito. Mudo de ideia sobre cursos planejados de ação quando recebo novas informações ou quando descubro um erro no meu modo de pensar. Estas situações simplesmente não são possíveis para Deus. [89]

Considerando que nossa oração não acrescenta nenhuma nova informação para Deus e nunca muda seus planos, qual é a motivação para continuarmos orando? A resposta que encontramos na Bíblia é que devemos orar sem cessar, com perseverança e em qualquer situação. O Novo Testamento deixa claro que a oração é um mandamento divino e uma força poderosa para produzir mudanças (Lucas 18:1-7; Tiago 5:16-18). A principal mudança acontece em nós, pois quando oramos sempre aprendemos algo novo sobre Deus e discernimos sua vontade para nossa vida. E a conclusão a que chegamos é que aquilo que aparentemente parece contraditório torna-se a motivação para orarmos.

Os decretos de Deus e a oração

A teologia reformada chama essa doutrina de *os decretos divinos*. Luiz Berkhof diz que "o decreto de Deus é o seu plano ou propósito eterno, no qual preordenou todas as coisas que acontecem". Os decretos de Deus possuem seis características: baseiam-se na sabedoria divina, são eternos, eficazes, imutáveis, incondicionais e totalmente abrangentes.[90]

---

[89] Sproul, R. C. *A mão invisível.* São Paulo: Bompastor, 2001, p. 265.
[90] Berkhof, L. *Manual de doutrina cristã.* Patrocínio, Ceibel, 1992, p. 83-87.

Há três tipos de decretos de Deus: eleição, reprovação e permissão. E eles estão relacionados com nossa vida de oração ou com as respostas que recebemos de Deus. A verdadeira oração revela a soberania de Deus.

Em primeiro lugar, *decretos eletivos*. Deus nos abençoará mesmo que não oremos. Ele simplesmente resolve dar-nos coisas sem nos perguntar se as queremos ou não. Um exemplo disso é a salvação: *Entretanto, devemos sempre dar graças a Deus por vós, irmãos amados pelo Senhor, porque Deus vos escolheu desde o princípio para a salvação, pela santificação do Espírito e fé na verdade, para o que também vos chamou mediante o nosso evangelho, para alcançardes a glória de nosso Senhor Jesus Cristo* (2Tessalonicenses 2:13-14). A salvação é um presente imerecido. A eleição é incondicional. O chamado mediante o evangelho é irresistível.

Em segundo lugar, *decretos reprovativos ou preteritivos*. Deus jamais nos dará aquilo que pedimos, ainda que o peçamos insistentemente. A oração não muda o querer de Deus para nós. Um exemplo disso é a resposta de Deus a Paulo, acerca do "espinho na carne": *Por causa disto, três vezes pedi ao Senhor que o afastasse de mim. Então, ele me disse: A minha graça te basta, porque o poder se aperfeiçoa na fraqueza. De boa vontade, pois, mais me gloriarei nas fraquezas, para que sobre mim repouse o poder de Cristo* (2Coríntios 12:8,9). Paulo pediu que Deus afastasse o espinho, mas Deus não o atendeu. Robert Law disse: "A oração é um instrumento poderoso não para fazer com que a vontade do homem seja feita no céu, mas para fazer com que a vontade de Deus seja feita na terra".[91]

---

[91] http://semeandodespertamento.blogspot.com/2010/11/grandes-homens-e-vida-de-oracao.html

Em terceiro lugar, *decretos permissivos*. Deus tem bênçãos que somente serão dadas se as pedirmos em oração. *Se eu cerrar os céus de modo que não haja chuva, ou se ordenar aos gafanhotos que consumam a terra, ou se enviar a peste entre o meu povo; se o meu povo, que se chama pelo meu nome, se humilhar, e orar, e me buscar, e se converter dos seus maus caminhos, então, eu ouvirei dos céus, perdoarei os seus pecados e sararei a sua terra* (2Crônicas 7:13,14). As bênçãos do perdão de pecados e da cura da terra estão condicionadas à oração.

Nessa perspectiva, a oração é um meio para se alcançar um fim. Deus estabelece os objetivos, mas também determina os meios para atingir esses objetivos. Há nos céus bênçãos que só serão recebidas na terra se houver oração. Billy Graham disse: "O céu está cheio de respostas a orações; respostas para aquelas pessoas que jamais se deram ao trabalho de pedir".

Em síntese, pela doutrina dos decretos, Deus jamais deixará de responder à nossa oração, não importa se vamos ficar satisfeitos ou não com sua resposta.

A CARTA DA ESPERANÇA

Jeremias 29 é um trecho da Bíblia que nos ensina sobre a oração e os decretos de Deus. A primeira parte do capítulo (v. 1-23) é uma carta enviada por Jeremias aos exilados na Babilônia, por intermédio de Eleasá, filho de Safã e Gemarias, filho de Hilquias (v. 3). A carta foi escrita em 594 a.C., após os acontecimentos registrados no versículo 2 (cf. 2Reis 24:8-16).

A carta começa com a identificação do remetente: *Assim diz o S*ENHOR *dos Exércitos, o Deus de Israel, a todos os exilados que eu deportei para a Babilônia* (v. 4). Quem escreveu a carta foi Jeremias, mas quem ditou o seu conteúdo foi Deus. Ele se autorrevela como Senhor dos Exércitos e proprietário de Israel. Foi ele quem mandou Israel para o cativeiro: *Eu deportei de Jerusalém para a Babilônia*.

A duração do cativeiro seria de setenta anos (Jeremias 29:10). O profeta Jeremias, em nome de Deus, escreve uma carta para os judeus deportados. O objetivo da carta era transmitir uma mensagem de esperança: *Assim diz o SENHOR: Logo que se cumprirem para a Babilônia setenta anos, atentarei para vós outros e cumprirei para convosco a minha boa palavra, tornando a trazer-vos para este lugar* (29:10). Deus já havia decretado que o cativeiro na Babilônia seria de setenta anos e que, após aquele período, o próprio Deus se encarregaria de trazer o povo de volta para sua terra.

Como devemos encarar uma situação dessas? Warren W. Wiersbe sugere: aceite o que vem das mãos de Deus e deixe o Senhor realizar a vontade dele. A melhor maneira de encarar as tragédias é aceitar corajosamente a situação e entregar-se nas mãos de um Deus amoroso que não erra.[92] Logo, quando a situação faz parte dos decretos eletivos ou reprovativos de Deus, a oração torna-se um exercício de submissão e conformação da vontade de Deus.

O decreto de Deus teria de se cumprir. Seriam setenta anos na Babilônia. Não adiantava reclamar, reivindicar e acreditar em profecias falsas. Deus não mudaria seu plano. Por isso, o povo foi instruído a preparar-se para uma longa permanência no cativeiro: *Edificai, plantai, comei, casai, gerai e multiplicai-vos* (v. 5,6). Eles deveriam procurar a paz do lugar em que residiam, orar pela cidade, porque *na sua paz vós tereis paz* (v. 7). Eles não deveriam ser enganados pelos falsos profetas que profetizavam enganosamente em

---

[92] WIERSBE, Warren W. *Comentário bíblico expositivo – Proféticos*. São Paulo: Central Gospel, 2007, p. 150-151.

nome de Deus (v. 8,9). Deveriam descansar na providência divina e crer que Deus tinha planos para sua vida (v. 10-14). Deveriam ser gratos a Deus, pois a situação deles era melhor que a do restante do povo que havia permanecido em Jerusalém (v. 15-20). Eles deveriam tomar cuidado com Acabe e Zedequias, profetas mentirosos (v. 21-23). Essa situação de Israel representa momentos de tribulação e de disciplina que o povo de Deus passa em todas as épocas.

Deus conhece nosso futuro

É interessante observar que, antes de convocar o povo para orar, Deus lhes revela algo muito especial: *Eu é que sei que pensamentos tenho a vosso respeito, diz o Senhor; pensamentos de paz e não de mal, para vos dar o fim que desejais. Então, me invocareis, passareis a orar a mim, e eu vos ouvirei. Buscar-me-eis e me achareis quando me buscardes de todo o vosso coração. Serei achado de vós, diz o Senhor, e farei mudar a vossa sorte; congregar-vos-ei de todas as nações e de todos os lugares para onde vos lancei, diz o Senhor, e tornarei a trazer-vos ao lugar donde vos mandei para o exílio* (Jeremias 29:11-14). Mas, se tudo já está determinado ou pensado por Deus, por que orar? A oração muda os planos de Deus para a minha vida? Como devo encarar o futuro?

Vamos analisar o texto e identificar algumas lições.

Em primeiro lugar, *só Deus conhece o nosso futuro. Eu é que sei que pensamentos tenho a vosso respeito, diz o Senhor* (v. 11). "Eu é que sei", isto é, ninguém mais sabe. Só Deus conhece o meu futuro. Somente ele sabe o que me acontecerá. Somente Deus é onisciente: *O Senhor olha dos céus; vê todos os filhos dos homens; do lugar de sua morada, observa todos os moradores da terra, ele, que forma o coração de todos eles, que contempla todas as suas obras* (Salmos 33:13-15).

Somente Deus é onisciente e onipresente. O salmista Davi reconhece: *Senhor, tu me sondas e me conheces. Sabes quando me assento e quando me levanto; de longe penetras os meus pensamentos. Esquadrinhas o meu andar e o meu deitar e conheces todos os meus caminhos. Ainda a palavra me não chegou à língua, e tu, Senhor, já a conheces toda. Tu me cercas por trás e por diante e sobre mim pões a mão. Tal conhecimento é maravilhoso demais para mim: é sobremodo elevado, não o posso atingir* (Salmos 139:1-6). Somente Deus me vê externa e internamente. Só ele me conhece exaustivamente. Repito: ninguém conhece seu futuro e jamais poderá conhecer o futuro de outra pessoa.

Em segundo lugar, *só Deus planejou o nosso futuro*. Deus pensa sobre nós: *Eu é que sei que pensamentos tenho a vosso respeito, diz o Senhor*. A palavra "pensamento" aponta para os planos, os projetos e a vontade de Deus para nós. O profeta Miqueias testemunha: *Mas não sabem os pensamentos do Senhor, nem lhe entendem o plano que as ajuntou como feixes na eira* (Miqueias 4:12). O que acontece conosco é plano de Deus. Jó declara: *Bem sei que tudo podes, e nenhum dos teus planos pode ser frustrado* (Jó 42:2). Em outras palavras, Jó confessa que Deus é onipotente e que seus planos são infalíveis, impossíveis de ser impedidos. Salomão ensina: *O coração do homem pode fazer planos, mas a resposta certa dos lábios vem do Senhor* (Provérbios 16:1). O planejamento do homem não prevalece contra o plano de Deus.

Deus quer o melhor para nós

Deus declara: *Eu é que sei que pensamentos tenho a vosso respeito, diz o Senhor; pensamentos de paz e não de mal, para vos dar o fim que desejais*. Ele pensa o melhor para nós. Nossa vida, nossos desejos e nosso futuro ocupam a memória de Deus. Que verdade consoladora!

Que expectativa maravilhosa! E o que ele pensa para nós? Qual é a natureza ou a qualidade dos pensamentos de Deus a nosso respeito?

Primeiro, *são pensamentos exclusivos*. Deus pensa diferente de nós por causa da natureza de sua pessoa e de seus objetivos para nós. Ele é Deus. *Porque os meus pensamentos não são os vossos pensamentos, nem os vossos caminhos, os meus caminhos, diz o* SENHOR (Isaías 55:8). Ele preparou um plano diferente e exclusivo para cada um de seus filhos.

Segundo, *são pensamentos profundos*. *Quão grandes,* SENHOR, *são as tuas obras! Os teus pensamentos, que profundos!* (Salmos 92:5). Os pensamentos de Deus são profundos e inescrutáveis (Romanos 11:33-36). Só poderemos saber o que Deus pensa se ele nos quiser revelar. Parte de seus planos já está revelada na Bíblia.

Terceiro, *são pensamentos de paz*. Observe que Deus diz "pensamentos de paz". A palavra "paz" significa bem-estar social e individual, muito mais que ausência de guerra. Deus quer o melhor para cada um de nós. Infelizmente, nós só pensamos mal uns dos outros e até duvidamos de que a vontade do Senhor seja boa, agradável e perfeita. Jesus é a maior prova de que Deus pensa o melhor para nós. Ele é a verdadeira paz. Ele disse: *Deixo-vos a paz, a minha paz vos dou; não vo-la dou como a dá o mundo. Não se turbe o vosso coração, nem se atemorize* (João 14:27). A paz de Jesus é uma dádiva pessoal, sobrenatural, incomparável, interior, tranquilizadora e encorajadora.

Quarto, *são pensamentos agradáveis*. A finalidade dos pensamentos de Deus para nós é: *para vos dar o fim que desejais* (v. 11). Deus planejou um futuro agradável para cada um. "O fim que desejais" ou "esperais" pode ser entendido como "um futuro e uma esperança". O profeta Isaías diz: *Também através dos teus juízos,* SENHOR, *te esperamos; no teu nome e na tua memória está o desejo da nossa alma* (Isaías 26:8). O desejo do nosso coração está na memória de Deus ou no computador divino.

A Bíblia está repleta de exemplos de pessoas que tiveram seus desejos satisfeitos: *Satisfizeste-lhe o desejo do coração e não lhe negaste as súplicas dos seus lábios* (Salmos 21:2). Disse Deus a Salomão: *Porquanto foi este o desejo do teu coração, e não pediste riquezas, bens ou honras, nem a morte dos que te aborrecem, nem tampouco pediste longevidade, mas sabedoria e conhecimento, para poderes julgar a meu povo, sobre o qual te constituí rei, sabedoria e conhecimento são dados a ti, e te darei riquezas, bens e honras, quais não teve nenhum rei antes de ti, e depois de ti não haverá teu igual* (2Crônicas 1:11,12).

Deus quer nossa oração

Deus pensa e planeja nosso futuro e nos diz: *Então, me invocareis, passareis a orar a mim, e eu vos ouvirei* (Jeremias 29:12). Ora, se Deus já planejou tudo, qual o valor da nossa oração?

Entendo que justamente aí se estabelece a conexão entre os decretos de Deus e a oração. Por tudo aquilo que Deus nos tem dado sem pedirmos (decretos eletivos), nós devemos agradecer. "Bendize, ó minha alma, ao Senhor, e não te esqueças de nem um só de seus benefícios" (Salmos 103:2). Deus nos tem feito muito bem! Por tudo aquilo que temos orado e não temos recebido (decretos preteritivos), devemos render-nos à vontade do Pai. *Meu Pai, se possível, passe de mim este cálice! Todavia, não sejas como eu quero, e sim como tu queres* (Mateus 26:39). Precisamos aprender que a vida não é como nós queremos, mas como Deus quer. E o caminho para aprendermos isso é o da oração. Por tudo aquilo que Deus tem para nós e está guardado ocultamente com ele (decretos permissivos), devemos invocá-lo de todo o nosso coração. *Invoca-me, e te responderei; anunciar-te-ei coisas grandes e ocultas, que não sabes*

(Jeremias 33:3). Por intermédio da oração, desejamos conhecer e receber de Deus estas bênçãos grandes e ocultas que ele tem para nós. E devemos buscar isto de forma ousada: *Buscar-me-eis e me achareis quando me buscardes de todo o vosso coração* (Jeremias 29:13). João recomenda: *E esta é a confiança que temos para com ele: que, se pedirmos alguma coisa segundo a sua vontade, ele nos ouve. E, se sabemos que ele nos ouve quanto ao que lhe pedimos, estamos certos de que obtemos os pedidos que lhe temos feito* (1João 5:14,15). É através da oração que podemos conhecer a vontade não revelada de Deus. Quando oramos, Deus nos instrui. Não sabemos o que é o melhor para nós. Quando oramos ao Deus que pensa em nós e quer o melhor para nossa vida, reconhecemos que sua vontade é o melhor para nós.

E Deus promete aos exilados na Babilônia: *Serei achado de vós, diz o* S<small>ENHOR</small>*, e farei mudar a vossa sorte; congregar-vos-ei de todas as nações e de todos os lugares para onde vos lancei, diz o* S<small>ENHOR</small>*, e tornarei a trazer--vos ao lugar donde vos mandei para o exílio* (Jeremias 29:14). Observe que Deus utiliza a oração de duas maneiras. Primeiro, a oração nos prepara para receber as bênçãos que ele nos dará. Segundo, a oração faz com que nos consagremos a Deus para sermos instrumentos de transformação. Deus determina os fins e escolhe os meios.

O que acontecerá conosco amanhã ou daqui a uma hora? Ninguém sabe! Não importa o que dizem os especialistas, os adivinhos ou os prognosticadores. O futuro é um desconhecido para qualquer ser humano! A Bíblia instrui: *Não te glories do dia de amanhã, porque não sabes o que trará à luz* (Provérbios 27:1). Somente Deus conhece nosso futuro. Ele é o grande administrador da história e da vida. Ele nos deu a oração como um meio para conhecermos, obedecermos e cumprirmos sua vontade. E as verdades ensinadas pela doutrina dos decretos de Deus nos impulsionam a orar.

8
Orando as promessas de Deus

Arival Dias Casimiro

A VIDA DO CRISTÃO É SUA VIDA DE ORAÇÃO. O cristão é diante dos homens aquilo que ele é ajoelhado diante de Deus. A vida espiritual é nutrida pela oração e pela meditação bíblica. Por isso a Bíblia nos ensina que devemos orar em todo tempo, incessantemente e sem esmorecer. O salmista Davi declara: *De manhã, SENHOR, ouves a minha voz; de manhã te apresento a minha oração e fico esperando* (Salmos 5:3). Davi buscava ao Senhor várias vezes ao dia: *À tarde, pela manhã e ao meio-dia, farei as minhas queixas e lamentarei; e ele ouvirá a minha voz* (Salmos 55:17). Davi acordava à noite para orar: *Levanto-me à meia-noite para te dar graças, por causa dos teus retos juízos* (Salmos 119:62).

Jesus Cristo é o nosso modelo de oração. Aprendemos com ele não só a teologia, mas a prática da oração. Ele orava habitualmente, sozinho: *Ele, porém, se retirava para lugares solitários e orava* (Lucas

5:16). *Naqueles dias, retirou-se para o monte, a fim de orar, e passou a noite orando a Deus* (Lucas 6:12). Ele orava no monte e no deserto, pois não tinha residência fixa. Ele nos orienta: *Tu, porém, quando orares, entra no teu quarto e, fechada a porta, orarás a teu Pai, que está em secreto; e teu Pai, que vê em secreto, te recompensará* (Mateus 6:6). A oração em secreto combate a hipocrisia e a distração. É um tempo de intimidade secreta com o Pai, que traz recompensas secretas para o filho.

Trata-se de uma prática antiga. O profeta Daniel costumava orar três vezes ao dia, em seu quarto: *Daniel, pois, quando soube que a escritura estava assinada, entrou em sua casa e, em cima, no seu quarto, onde havia janelas abertas do lado de Jerusalém, três vezes por dia, se punha de joelhos, e orava, e dava graças, diante do seu Deus, como costumava fazer* (Daniel 6:10). Sem dúvida, a oração é o oxigênio da nossa comunhão com Deus.

A oração deve ser resultado da meditação. Todo cristão deve praticar a meditação bíblica. A palavra *meditar* significa "pensar sobre" ou "refletir". A palavra hebraica "meditar" (suah) indica "meditar pensativamente" ou "ponderar". A ideia é a de "ruminar ou mastigar" a Palavra de Deus. Meditar é entrar no quarto, fechar a porta ou isolar-se para falar com Deus. Edmund Calamy disse: "A meditação é uma preparação à oração, e a oração é um fim adequado para a meditação".

A meditação é uma ordem de Deus. Ele nos manda meditar em sua Palavra (Deuteronômio 32:46; Josué 1:8; Salmos 1:2). A meditação é uma necessidade que precisa ser suprida. Ela é necessária para alimentar nossa comunhão com Deus e gerar nosso crescimento espiritual. A meditação é indispensável para compreensão do texto bíblico. Sem ela, a pregação ficará prejudicada e incompleta, tal como servir uma alimentação crua. A meditação é necessária a nossa vida de oração. Ela precede e influencia como e o que vamos orar. A meditação nos capacita a vencer a tentação, suportar a provação e a resistir a murmuração. Através da meditação, ouvimos Deus, contemplamos Jesus e sentimos a presença do Espírito Santo.

A meditação é um dever que tem que ser transformado em prazer: *antes, o seu prazer está na lei do Senhor, e na sua lei medita de dia e de noite*. A meditação envolve "mente" e "coração". Não é um ato apenas intelectual ou da compreensão, mas afetivo e volitivo. Meditar é refletir com o coração (Deuteronômio 4:39; Lucas 2:19). Ouvir, ler e estudar a Bíblia são atividades intelectuais, mas a meditação envolve o coração. Deus diz: *Estas palavras que, hoje, te ordeno estarão no teu coração*. O mesmo Deus que nos ordena a crer, ensinar e obedecer o livro da lei, manda-nos meditar nele: *antes medita nele dia e noite* (Josué 1:8). Thomas Watson diz que a meditação difere da memória. A memória é o armário que guarda o alimento, e a meditação é o paladar que desfruta o alimento. Davi diz: *como de banha e de gordura farta-se a minha alma; e, com júbilo nos lábios, a minha boca te louva, no meu leito quando de ti me recordo e em ti medito durante a vigília da noite* (Salmos 63:5,6). A meditação difere também do estudo. O estudo é um trabalho do cérebro e a meditação um trabalho do coração. O propósito do estudo é a constatação de uma verdade, e o propósito da meditação é o aperfeiçoamento espiritual de uma verdade. William Bates disse: "Ouvir a Palavra é como a ingestão, e quando meditamos sobre a Palavra que é digestão; e esta digestão da Palavra por meio da meditação produz afetos candentes, resoluções zelosas e ações santas". É por isso que, quando existe conhecimento da verdade e não há meditação, o povo é endurecido pelo pecado (Jeremias 8:6).

O conteúdo da meditação sempre é a Palavra de Deus. Thomas Watson: "um santo exercício da mente por meio do qual trazemos à memória as verdades de Deus, ponderamos seriamente sobre elas e as aplicamos a nós mesmos". A Palavra é a semente que regada pela meditação floresce e frutifica no coração. Thomas Brooks escreveu: "Não é aquele que lê mais, e sim aquele que medita mais é que provará ser o cristão mais seleto, mais suave, mais sábio e mais forte".

A meditação bíblica não deve ser ocasional, mas regular, rotineira e deliberada. Ela deve ter prioridade na nossa agenda diária. Ezequiel Culverwell diz: "a meditação consagra, a meditação sara, a meditação instrui". Os puritanos disseram que há dois tipos de meditação: ocasional e deliberado. A ocasional pode ser praticada em qualquer tempo e em qualquer lugar e entre quaisquer pessoas. Ela se baseia principalmente na revelação natural, naquilo que o crente ouve e vê. Davi quando viu o céu, o sol e as estrelas foi inspirado pelo Espírito a compor músicas inéditas (Salmos 8 e 19). A meditação deliberada é aquela que é feita com intencionalidade, quando o crente separa um tempo e um lugar para meditar sobre as coisas celestiais. Os puritanos gostavam de meditar deliberadamente nas Escrituras e nos sermões que ouviam.

A meditação deliberada é essencial à piedade e funciona como aplicação do conhecimento ao coração. Thomas Watson diz: "estudo é a descoberta de uma verdade; meditação é a benfeitoria espiritual de uma verdade; uma busca a mina de ouro; a outra cava até o ouro. Estudo é como o sol de inverno que tem pouco calor e influência; meditação... derrete o coração quando este está congelado e o faz gotejar lágrimas de amor".

Cremos que meditar e orar as promessas de Deus diariamente é extremamente benéfico para nossa alma. A fé madura é alimentada pela meditação contínua nas promessas de Deus.

AS PROMESSAS DE DEUS

O Deus dos cristãos é o Deus de promessas. Sem as promessas de Deus seu povo não existiria. O cristianismo existe hoje porque Deus cumpriu suas promessas. As alianças que Deus teve e tem com seu povo são baseadas em grandes e imutáveis promessas. Edward Leigh afirma que as promessas de Deus são "a base de nossa esperança, o objeto de nossa fé e o princípio regulador da oração". Através de suas promessas, Deus revela sua intenção e seu compromisso de nos abençoar com toda sorte de bênção espiritual ou temporal. Na promessa, Deus antecipa para nós a bênção que poderá nos dar, segundo seu propósito gracioso.

A oração deve ser baseada nas promessas da Palavra de Deus. A Bíblia tem 31:173 versículos, 23:214 no Antigo Testamento e 7:959 no Novo Testamento. A maioria desses versículos apresenta uma promessa de Deus. Segundo Everett R. Storms, há 7:487 promessas de Deus ao homem, 2 promessas de Deus Pai para o Filho, 991 promessas de um homem para outro, 290 de homens para Deus, 21 promessas feitas por anjos aos homens, uma de um homem para um anjo, duas por um espírito mal ao Senhor e nove promessas falsas feitas pelo diabo. O total geral computado por Storms são 8:803 promessas na Bíblia. Se dividirmos as 7:487 promessas de Deus ao homem, por 365 dias, temos mais de vinte anos de promessas diárias.

Joel Beeke faz um apanhado acerca da compreensão e uso que os puritanos faziam das promessas de Deus. Ele destaca principalmente

Edward Leigh, que propôs um esboço detalhado sobre as promessas de Deus: "as promessas de Deus são relacionadas à lei ou ao evangelho, gerais ou particulares, principais ou acessórias, diretas ou indiretas, absolutas ou condicionais, e dizem respeito ou a esta vida ou à vindoura".[93]

RAZÕES PARA ORAR AS PROMESSAS DE DEUS

As promessas de Deus devem ser a base e o conteúdo de nossas orações. Oramos o que cremos assim como cantamos aquilo em que confiamos. Charles Spurgeon diz: "As promessas sagradas, embora muitíssimo fieis e preciosas em si mesmas, são inúteis para o conforto e sustento da alma, a menos que nos agarremos a elas pela fé, as supliquemos em oração, as aguardemos com esperança e as recebamos com gratidão".

Apresento-lhe algumas razões que nos motivam a orar as promessas de Deus.

Primeiro, devemos orar as promessas de Deus porque elas foram feitas por Deus.

O Deus da Bíblia é o Deus de promessas. E seu caráter é a garantia de que receberemos o que ele nos promete: *Deus não é homem, para que minta; nem filho de homem, para que se arrependa. Porventura, tendo ele prometido, não o fará? Ou, tendo falado, não o*

---

[93] Destaco, entretanto, a obra do puritano Samuel Clarke (1684-1750): *Preciosas promessas bíblicas*. Trata-se de uma compilação de textos bíblicos reunidos segundo 170 títulos ou classificações de tipos de promessas (http://www.fbinstitute.com/Clark/Clarkes_Bible_Promises.html).

cumprirá? (Números 23:19). A imutabilidade e a fidelidade divina são atributos que nos garantem aquilo que nos é prometido. Josué testemunha: *Nenhuma promessa falhou de todas as boas palavras que o* S̲e̲n̲h̲o̲r̲ *falara à casa de Israel; tudo se cumpriu* (Josué 21:45). *Eis que, já hoje, sigo pelo caminho de todos os da terra; e vós bem sabeis de todo o vosso coração e de toda a vossa alma que nem uma só promessa caiu de todas as boas palavras que falou de vós o* S̲e̲n̲h̲o̲r̲, *vosso Deus; todas vos sobrevieram, nem uma delas falhou* (Josué 23:14). Deus é infalível no cumprimento daquilo que ele promete. Ele não muda em sua essência, atributos, planos e promessas.

Edward Leigh diz que a Palavra de Deus nos ensina de três maneiras: pelos mandamentos que nos ensina a obediência; pelas ameaças que restringem a desobediência; e pelas promessas que confirmam nossa obediência. As promessas de Deus estão disponíveis para que possamos desfrutá-las. Necessitamos crer e viver as promessas de Deus. G.D. Watson diz: "Um empecilho à fé é olhar para as circunstâncias e não para as promessas imutáveis de Deus". C.H. Spurgeon diz: "Se meditamos nas promessas e levamos em consideração Aquele que prometeu, experimentaremos a doçura delas e obteremos seu cumprimento".

Segundo, devemos orar as promessas por causa de nossa união com Cristo, o que nos dá acesso a todas elas.

O apóstolo Paulo diz: *Porque quantas são as promessas de Deus, tantas têm nele o sim; porquanto também por ele é o amém para glória de Deus, por nosso intermédio* (2Coríntios 1:19). Todas as promessas acerca da salvação de Deus registradas na Bíblia se cumpriram em Jesus Cristo (Lucas 24:44). E devido a nossa união com Cristo, temos acesso a todos os benefícios que essas promessas de Deus oferecem. Não tenha medo de se apropriar das promessas que Deus nos dá em sua Palavra, porque Jesus é o "SIM" ou "assim seja" para os que estão nele. Em Cristo, somos abençoados com toda sorte de bênçãos.

Todas as promessas de Deus são inseparáveis de Jesus Cristo. Foi ele quem pagou alto preço, seu precioso sangue, para que pudéssemos ser beneficiados por elas. Ele é nosso mediador e por intermédio dele podemos chegar à presença de Deus. Ele nos diz: *E tudo quanto pedirdes em meu nome, isso farei, a fim de que o Pai seja glorificado no Filho. Se me pedirdes alguma coisa em meu nome, eu o farei* (João 14:13-14). Todas as nossas orações são feitas "em nome de Jesus", porque é o mediador das bênçãos contidas em suas promessas.

Terceiro, devemos orar as promessas de Deus porque elas predizem o que devemos esperar como resposta de oração.

Quando você ora baseado em uma promessa de Deus, a resposta à sua oração já está garantida. Davi disse a Deus: *Pois tu, ó SENHOR dos exércitos, Deus de Israel, fizeste ao teu servo esta revelação, dizendo: Edificar-te-ei casa. Por isso, o teu servo se animou para fazer-te esta oração* (2Samuel 7:27). O que anima Davi a orar é a revelação de Deus daquilo que ele faria. Na promessa, Deus já declarou o que ele vai nos dar. Isso é maravilhoso e estupendo! Oramos a Deus com a certeza e a garantia da resposta.

Octavius Winslow diz: "As promessas de Deus são as joias da Bíblia. Cada página deste livro sagrado é rica e cintilante com as garantias divinas do amor de Deus e de sua fidelidade para seu povo". As promessas são compromissos assumidos por Deus para abençoar seu povo. Ele empenha sua palavra quando nos promete algo. F. W. Krummacher disse: "As promessas de Deus são, de certo modo, obrigações que ele impõe a si mesmo". Todas as suas promessas estão em sua Palavra e todas serão cumpridas. A Palavra é um testamento que nos outorga uma herança e uma escritura que nos garante uma possessão.

Quarto, devemos orar as promessas porque não há uma situação única que vivamos para qual não exista uma promessa de Deus para solucionar o problema.

Há uma promessa de Deus para cada situação que o crente enfrenta. A Bíblia é um celeiro de promessas para o cristão. Temos promessas de salvação, libertação, proteção, direção, provisão, renovação, consolação, companhia e vitória. Todas as necessidades do cristão estão previstas nas promessas de Deus e por meio delas podem ser supridas. O apóstolo Paulo garante: *E o meu Deus, segundo a sua riqueza em glória, há de suprir, em Cristo Jesus, cada uma de vossas necessidades* (Filipenses 4:20). Para cada necessidade existe uma promessa divina. Basta você se apropriar dessa promessa orando seu conteúdo.

Charles Spurgeon disse: "Nada é tão excelente, tão precioso e tão doce como uma promessa de Deus". As promessas de Deus são remédios para nossas doenças espirituais, alimentos para nutrir nossa alma e estímulos para nossas orações. Há uma promessa de Deus para toda e qualquer situação que você enfrente. As promessas de Deus são relevantes para a vida diária. Tudo que precisamos está disponível nas promessas divinas. Charles Spurgeon afirma: "Crentes, rogo-vos que não trateis as promessas do Senhor como antiguidades numa exposição. Deveis antes usá-las diariamente como fonte de consolação, e de confiança continua no Senhor, em tempos de provação".

Quinto, devemos orar as promessas de Deus para que sejamos aperfeiçoados.

Deus usa as suas promessas para produzir nosso crescimento espiritual. *Pelas quais nos têm sido doadas as suas preciosas e mui grandes promessas, para que por elas vos torneis coparticipantes da natureza divina, livrando-vos da corrupção das paixões que há no mundo* (2P 1:4). Assim como um bebe compartilha a natureza de seus pais, a pessoa nascida de Deus compartilha da natureza divina. Todo cristão deve buscar uma vida piedosa, nutrindo-se da Palavra e tendo uma vida íntima de comunhão com Deus. O projeto de Deus é nos conformar à imagem de Jesus. E para isso ele nos dá tudo que precisamos para uma vida de piedade e santidade. Ele nos oferece seu poder e suas preciosas e grandes promessas. Quando nos apropriamos de seu poder e de suas promessas crescemos espiritualmente e somos aperfeiçoados em nosso caráter.

Concluindo este capítulo, conclamo a todos a usarem corretamente as promessas de Deus. Precisamos crer nas promessas de Deus. Precisamos meditar nelas como alimento que nutrirá nossa alma. Necessitamos nos apropriar delas pela oração e desfrutar de todas as bênçãos que elas prometem.

BIBLIOGRAFIA BÁSICA

BEEKE, Joel. *Espiritualidade reformada*. São José dos Campos, SP: Fiel Editora, 2014.

BEEKE, Joel & JONES, Mark. *Teologia puritana*. São Paulo: Edições Vida Nova, 2017.

RHODES, Ron. *O livro completo das promessas bíblicas*. Rio de Janeiro: CPAD, 2006.

Everett E. Storms, em 1956, no Canadá, realizou um estudo sobre as promessas de Deus na Bíblia. Ele leu a Bíblia 27 vezes, durante um ano e meio e tabulou todas as promessas identificadas.

Anexo 1

Como começar um projeto homens de oração

INCENTIVANDO HOMENS A ORAR

Objetivos do projeto
- Motivar o homem a orar e ler a Bíblia diariamente.
- Ajudar o homem em suas necessidades espirituais.
- Resgatar o papel de liderança espiritual do homem no lar, na igreja e na sociedade.
- Promover a comunhão entre os homens.
- Envolver o homem no trabalho da igreja local.

Estratégias
- Tempo diário para oração.
- Encontro semanal de oração.
- Encontro mensal de oração.
- Planos de leitura da Bíblia.

Alvos diários de oração

Orar pelo Brasil:
- Autoridades constituídas.
- Paz e justiça social.

Orar pela igreja:
- Pastores, oficiais, líderes de ministérios e missionários.
- Santificação, testemunho e novas conversões.
- Ministérios e sociedades internas.
- Fidelidade a Deus e à Palavra de Deus.
- Obra missionária.
- Vocação e envio de novos obreiros.

Orar pela família:
- Conversão e consagração de pais e filhos.
- Preservação do casamento.
- Sucesso espiritual, afetivo e material dos filhos.
- Trabalho, vida financeira e fidelidade na mordomia.

Orar por si mesmo:
- Santificação e plenitude do Espírito.
- Vitória sobre as tentações e provações.
- Vida profissional e trabalho.
- Disponibilidade para ser usado por Deus em qualquer lugar.

Modelo de ficha de inscrição

Nome: _____

Endereço: _____

Cidade: _____ Estado: _____

CEP: _____ Fones: _____

E-mail: _____

Data de nascimento: _____ / _____ / _____

Estado civil: _____

Profissão: _____

Qual é seu compromisso com a igreja?
_____
_____
_____
_____
_____
_____
_____
_____
_____
_____
_____
_____
_____

Anexo 2

Planos de leitura da Bíblia

Plano 21

Para você criar o hábito de ler diariamente a Bíblia, faça essa leitura por 21 dias seguidos. Após criar o hábito de leitura diária, conheça e utilize outros planos de leitura.

Dia 1	João 1:1-51
Dia 2	João 2:1-25
Dia 3	João 3:1-36
Dia 4	João 4:1-54
Dia 5	João 5:1-47
Dia 6	João 6:1-71
Dia 7	João 7:1-52
Dia 8	João 8:1-59
Dia 9	João 9:1-41
Dia 10	João 10:1-42
Dia 11	João 11:1-57
Dia 12	João 12:1-50
Dia 13	João 13:1-38
Dia 14	João 14:1-31

Dia 15	João 15:1-27
Dia 16	João 16:1-33
Dia 17	João 17:1-26
Dia 18	João 18:1-40
Dia 19	João 19:1-42
Dia 20	João 20:1-31
Dia 21	João 21:1-25

Plano 30

Leia o Novo Testamento em 30 dias conforme a sugestão a seguir. O Novo Testamento tem 260 capítulos, que poderão ser lidos em 30 dias, em uma média de 9 capítulos diários.

Dia 1	Marcos 1–9
Dia 2	Marcos 10–16
Dia 3	Efésios 1–6 e Colossenses 1–4
Dia 4	Mateus 1–9
Dia 5	Mateus 10–19
Dia 6	Mateus 20–28
Dia 7	1 e 2Timóteo
Dia 8	1 e 2Tessalonicenses
Dia 9	João 1–10
Dia 10	João 11–22
Dia 11	1, 2 e 3João e Judas
Dia 12	1 e 2Pedro e Filemom
Dia 13	1Coríntios 1–9
Dia 14	1Coríntios 10–16 e Filipenses 1–4
Dia 15	2Coríntios 1–9
Dia 16	2Coríntios 10–13 e Gálatas 1–6
Dia 17	Hebreus 1–9

Dia 18	Hebreus 10–13 e Tiago 1–5
Dia 19	Romanos 1–8
Dia 20	Romanos 9–16
Dia 21	Apocalipse 1–10
Dia 22	Apocalipse 11–22
Dia 23	Atos 1–9
Dia 24	Atos 10–20
Dia 25	Atos 21–28
Dia 26	Lucas 1–9
Dia 27	Lucas 10–19
Dia 28	Lucas 20–24 e Tito 1–3
Dia 29	João 1–10
Dia 30	João 11–22

90 DIAS ATRAVÉS DA BÍBLIA

Leia a Bíblia inteira em 90 dias, combinando trechos do Antigo e do Novo Testamento, como sugerido a seguir.

Dia	Antigo Testamento	Novo Testamento
Dia 1	Gênesis 1–5; Jó 1–6	Mateus 1–3
Dia 2	Gênesis 6–10, Jó 7–12	Mateus 4–6
Dia 3	Gênesis 11–15; Jó 13–18	Mateus 7–9
Dia 4	Gênesis 16–20; Jó 19–24	Mateus 10–12
Dia 5	Gênesis 21–25; Jó 25–30	Mateus 13–15
Dia 6	Gênesis 26–30; Jó 31–36	Mateus 16–18
Dia 7	Gênesis 31–35; Jó 37–42	Mateus 19–21
Dia 8	Gênesis 36–40; Salmos 1–6	Mateus 22–24
Dia 9	Gênesis 41–45; Salmos 7–12	Mateus 25–26
Dia 10	Gênesis 46–50; Salmos 13–18	Mateus 27–28

Dia 11	Êxodo 1–5; Salmos 19–24	Marcos 1–3
Dia 12	Êxodo 6–10; Salmos 25–30	Marcos 4–6
Dia 13	Êxodo 11–15; Salmos 31–36	Marcos 7–9
Dia 14	Êxodo 16–20; Salmos 37–42	Marcos 12–10
Dia 15	Êxodo 21–25; Salmos 43–48	Marcos 13–14
Dia 16	Êxodo 26–30; Salmos 49–54	Marcos 15–16
Dia 17	Êxodo 31–35; Salmos 55–60	Lucas 1–3
Dia 18	Êxodo 36–40; Salmos 61–66	Lucas 4–6
Dia 19	Levítico 1–5; Salmos 67–72	Lucas 7–9
Dia 20	Levítico 6–10; Salmos 73–78	Lucas 10–12
Dia 21	Levítico 11–15; Salmos 79–84	Lucas 13–15
Dia 22	Levítico 16–19; Salmos 85–90	Lucas 16–18
Dia 23	Levítico 20–23; Salmos 91–96	Lucas 19–21
Dia 24	Levítico 24–27; Salmos 97–102	Lucas 22–24
Dia 25	Números 1–5; Salmos 103–108	João 1–3
Dia 26	Números 6–10; Salmos 109–114	João 4–6
Dia 27	Números 11–15; Salmos 115–120	João 7–9
Dia 28	Números 16–19; Salmos 121–126	João 10–12
Dia 29	Números 20–23; Salmos 127–132	João 13–15
Dia 30	Números 24–27; Salmos 133–138	João 16–18
Dia 31	Números 28–32; Salmos 139–144	João 19–21
Dia 32	Números 33–36; Salmos 145–150	Atos 1–3
Dia 33	Deuteronômio 1–5; Provérbios 1–6	Atos 4–6
Dia 34	Deuteronômio 6–10; Provérbios 7–11	Atos 7–9
Dia 35	Deuteronômio 11–15; Provérbios 12–16	Atos 10–12
Dia 36	Deuteronômio 16–20; Provérbios 17–21	Atos 13–15
Dia 37	Deuteronômio 21–25; Provérbios 22–26	Atos 16–18
Dia 38	Deuteronômio 26–30; Provérbios 27–31	Atos 19–21

Dia 39	Deuteronômio 31–34; Eclesiastes 1–6	Atos 22–24
Dia 40	Josué 1–5; Eclesiastes 7–12	Atos 25–28
Dia 41	Josué 6–10; Cântico dos Cânticos 1–4	Romanos 1–3
Dia 42	Josué 11–15; Cântico dos Cânticos 5–8	Romanos 4–6
Dia 43	Josué 16–20; Isaías 1–6	Romanos 7–9
Dia 44	Josué 21–24, Isaías 7–12	Romanos 10–12
Dia 45	Juízes 1–5, Isaías 13–18	Romanos 13–16
Dia 46	Juízes 6–9; Isaías 19–24	1Coríntios 1–3
Dia 47	Juízes 10–13; Isaías 25–30	1Coríntios 4–6
Dia 48	Juízes 14–17, Isaías 31–36	1Coríntios 7–9
Dia 49	Juízes 18–21, Isaías 37–42	1Coríntios 10–12
Dia 50	Ruth 1–4, Isaías 43–48	1Coríntios 13–14
Dia 51	1Samuel 1–5, Isaías 49–54	1Coríntios 15–16
Dia 52	1Samuel 6–10, Isaías 55–60	2Coríntios 1–3
Dia 53	1Samuel 11–15, Isaías 61–66	2Coríntios 4–6
Dia 54	1Samuel 16–19; Jeremias 1–6	2Coríntios 7–9
Dia 55	1Samuel 20–23; Jeremias 7–12	2Coríntios 10–11
Dia 56	1Samuel 24–27; Jeremias 13–18	2Coríntios 12–13
Dia 57	1Samuel 28–31; Jeremias 19–24	Gálatas 1–3
Dia 58	2Samuel 1–5; Jeremias 24–30	Gálatas 4–6
Dia 59	2Samuel 6–10; Jeremias 31–36	Efésios 1–3
Dia 60	2Samuel 11–15; Jeremias 37–42	Efésios 4–6
Dia 61	2Samuel 16–20; Jeremias 43–47	Filipenses 1–2
Dia 62	2Samuel 21–24; Jeremias 48–52	Filipenses 3–4
Dia 63	1Reis 1–5; Lamentações 1–5	Colossenses 1–2
Dia 64	1Reis 6–10; Ezequiel 1–6	Colossenses 3–4
Dia 65	1Reis 11–14; Ezequiel 7–12	1Tessalonicenses 1–3
Dia 66	1Reis 15–18; Ezequiel 13–18	1Tessalonicenses 4–5

Dia 67	1Reis 19–22; Ezequiel 19–24	2Tessalonicenses 1–3
Dia 68	2Reis 1–5; Ezequiel 25–30	1Timóteo 1–3
Dia 69	2Reis 6–10 e Ezequiel 31–36	1Timóteo 4–6
Dia 70	2Reis 11–15 e Ezequiel 37–42	2Timóteo 1–2
Dia 71	2Reis 16–20; Ezequiel 43–48	2Timóteo 3–4
Dia 72	2Reis 21–25; Daniel 1–6	Tito 1–3
Dia 73	1Crônicas 1–5; Daniel 7–12	Filemom
Dia 74	1Crônicas 6–10; Oseias 1–4	Hebreus 1–4
Dia 75	1Crônicas 11–15; Oseias 5–8	Hebreus 5–7
Dia 76	1Crônicas 16–20; Oseias 9–11	Hebreus 8–10
Dia 77	1Crônicas 21–25, Oseias 12–14	Hebreus 11–13
Dia 78	1Crônicas 26–29, Joel 1–3	Tiago 1–3
Dia 79	2Crônicas 1–6; Amós 1–3	Tiago 4–5
Dia 80	2Crônicas 7–12; Amós 4–6	1Pedro 1–3
Dia 81	2Crônicas 13–18; Amós 7–9	1Pedro 4–5
Dia 82	2Crônicas 19–24, Obadias, Jonas 1–4	2Pedro 1–3
Dia 83	2Crônicas 25–30; Miqueias 1–4	1João 1–3
Dia 84	2Crônicas 31–36; Miqueias 5–7	1João 4–5
Dia 85	1–3 Naum, Esdras 1–5, Habacuque 1–3	2,3João, Judas
Dia 86	Esdras 6–10; Sofonias 1–3; Ageu 1–2	Apocalipse 1–5
Dia 87	Neemias 1–7; Zacarias 1–4	Apocalipse 6–10
Dia 88	Neemias 8–13, Zacarias 5–9	Apocalipse 11–14
Dia 89	Ester 1–5; Zacarias 10–14	Apocalipse 15–18
Dia 90	Ester 6–10; Malaquias 1–4	Apocalipse 19–22

Sua opinião é importante para nós.
Por gentileza, envie-nos seus comentários pelo e-mail:

editorial@hagnos.com.br